과학공화국
물리법정

9
현대물리학과
양자론

과학공화국 물리법정 9

현대물리학과 양자론

ⓒ 정완상, 2008

초판 1쇄 발행일 | 2008년 2월 27일
초판 18쇄 발행일 | 2022년 10월 17일

지은이 | 정완상
펴낸이 | 정은영
펴낸곳 | (주)자음과모음

출판등록 | 2001년 11월 28일 제2001-000259호
주소 | 10881 경기도 파주시 회동길 325-20
전화 | 편집부 (02)324-2347, 총무부 (02)325-6047
팩스 | 편집부 (02)324-2348, 총무부 (02)2648-1311
e-mail | jamoteen@jamobook.com

ISBN 978-89-544-1463-0 (04420)

과학공화국 물리법정

물리법정

9
현대물리학과 양자론

정완상(국립 경상대학교 교수) 지음

|주|자음과모음

생활 속에서 배우는 기상천외한 과학 수업

물리와 법정, 이 두 가지는 전혀 어울리지 않은 소재들입니다. 그리고 여러분에게 제일 어렵게 느껴지는 말들이기도 하지요. 그럼에도 불구하고 이 책의 제목에는 분명 '물리법정'이라는 말이 들어 있습니다. 그렇다고 이 책의 내용이 아주 어려울 거라고 생각하지 마세요.

저는 법률과는 무관한 과학을 공부하는 사람입니다. 하지만 '법정'이라고 제목을 붙인 데에는 이유가 있습니다.

이 책은 우리의 생활 속에서 일어나는 여러 가지 재미있는 사건을 다루고 있습니다. 그리고 물리적인 원리를 이용해 사건들을 차근차근 해결해 나간답니다. 그런데 크고 작은 사건들의 옳고 그름을 판단하기 위한 무대가 필요했습니다. 바로 그 무대로 법정이 생겨나게 되었답니다.

왜 하필 법정이냐고요? 요즘에는 〈솔로몬의 선택〉을 비롯하여 생활 속에서 일어나는 사건들을 법률을 통해 재미있게 풀어 보는 텔레비전 프로그램들이 많습니다. 그리고 그 프로그램들이 재미없다고 느껴지지도 않을 겁니다. 사건에 등장하는 인물들이 우스꽝스럽고, 사건을 해결하는 과정도 흥미진진하기 때문입니다. 〈솔로몬의 선택〉이 법률 상식을 쉽고 재미있게 얘기하듯이, 이 책은 여러분의 물리 공부를 쉽고 재미있게 해 줄 것입니다.

여러분은 이 책을 읽고 나서 자신의 달라진 모습에 놀랄 겁니다. 과학에 대한 두려움이 싹 가시고, 새로운 문제에 대해 과학적인 호기심을 보이게 될 테니까요. 물론 여러분의 과학 성적도 쑥쑥 올라가겠죠.

물리학은 항상 정확한 판단을 내릴 수 있습니다. 왜냐하면 물리학의 법칙은 완벽에 가까운 진리이기 때문입니다. 저는 그 진리를 여러분이 조금이라도 느끼게 해 주고 싶습니다. 과연 제가 의도대로 되었는지는 여러분의 판단에 맡겨야겠지요.

끝으로 이 책을 내도록 용기와 격려를 아끼지 않은 (주)자음과모음의 강병철 사장님과 빡빡한 일정에도 불구하고 좋은 시리즈를 만들기 위해 함께 노력해 준 (주)자음과모음의 모든 식구들, 그리고 진주에서 작업을 도와준 과학 창작 동아리 'SCICOM'의 식구들에게 감사를 드립니다.

진주에서

정완상

목차

판사

물치 변호사

피즈 변호사

물리법정의 탄생

과학을 좋아하는 사람들이 모여 사는 과학공화국이 있었다. 과학 공화국의 국민들은 어릴 때부터 과학을 필수 과목으로 공부하고, 첨 단 과학으로 신제품을 개발해 엄청난 무역 흑자를 올리고 있었다. 그리하여 과학공화국은 세상에서 가장 부유한 나라가 되었다.

과학에는 물리학, 화학, 생물학 등이 있는데, 과학공화국 국민들 은 다른 과학 과목에 비해 유독 물리학을 어려워했다. 돌멩이가 떨 어지는 것이나 자동차의 충돌 사고, 놀이 기구의 작동 원리, 정전기 를 느끼는 일 등과 같은 물리적인 현상은 주변에서 쉽게 관찰되지 만, 그러한 현상들의 원리를 정확하게 알고 있는 사람은 드물었다.

그 이유는 과학공화국의 대학 입시 제도와 관련이 깊었다. 대부분 의 고등학생들은 대학 입시에서 상대적으로 높은 점수를 받기 쉬운 화학, 생물을 선호하고 물리를 멀리했다. 학교에서는 물리를 가르치 는 선생님 수가 줄어들었고, 선생님들의 물리 지식 수준 역시 낮아

졌다.

이런 상황에서도 과학공화국에서는 물리를 이해해야 해결할 수 있는 크고 작은 사건들이 끊임없이 일어났다. 그런데 사건의 상당수를 법학을 공부한 사람들로 구성된 일반 법정에서 다루다 보니 공정하고 정확하게 판결 내리기가 힘들었다. 이러한 까닭에 물리학을 잘 모르는 일반 법정의 판결에 따르지 않는 사람들이 많아져 심각한 사회 문제로 떠오르고 있었다.

그리하여 과학공화국의 박과학 대통령은 회의를 열었다.

"이 문제를 어떻게 처리하면 좋겠소?"

대통령이 힘없이 말을 꺼냈다.

"헌법에 물리적인 부분을 좀 추가하면 어떨까요?"

법무부 장관이 자신 있게 말했다.

"좀 약하지 않을까?"

대통령이 못마땅한 듯 대답했다.

"물리학과 관계된 사건에 대해서는 물리학자를 법정에 참석시키면 어떨까요? 의료 사건의 경우 의사를 참석시켰는데 성공적이었거든요."

의사 출신인 보건복지부 장관이 끼어들었다.

"의사를 참석시켜서 뭐가 성공적이었소? 의사들의 실수로 일어난 의료 사고를 다루는 재판에서 의사가 피고(소송을 당한 사람)인 의사 편을 들어 피해자가 속출했잖소."

내무부 장관이 보건복지부 장관에게 따져 물었다.

"자네가 의학을 알아? 전문 분야라 의사들만 알 수 있다고! 이거 왜 이러셔."

"가재는 게 편이라고, 의사들에게 항상 유리한 판결만 나왔잖아."

평소 사이가 좋지 않던 두 장관이 논쟁을 벌였다.

"그만두시오. 우린 지금 의료 사건 얘기를 하는 게 아니잖소. 본론인 물리 사건에 대한 해결책을 말해 보세요."

부통령이 두 사람의 논쟁을 막았다.

"먼저 물리부 장관의 의견을 들어 봅시다."

수학부 장관이 의견을 냈다.

그때까지 눈을 감고 잠자코 앉았던 물리부 장관이 말했다.

"물리학으로 판결을 내리는 새로운 법정을 만들면 어떨까요? 한마디로 물리법정을 만들자는 겁니다."

"물리법정!"

침묵을 지키고 있던 박과학 대통령이 눈을 크게 뜨고 물리부 장관을 쳐다보았다.

"물리와 관련된 사건은 물리법정에서 다루면 되는 거죠. 그리고 그 법정에서의 판결들을 신문에 실어 널리 알리면 국민들이 더 이상 다투지 않고 자기 잘못을 인정할 겁니다."

물리부 장관이 자신 있게 말했다.

"그럼 물리와 관련된 법을 국회에서 만들어야 하잖소?"

법무부 장관이 물었다.

"물리학은 정직한 학문입니다. 사과나무의 사과는 땅으로 떨어지지 하늘로 올라가지는 않습니다. 또한 양의 전기를 띤 물체와 음의 전기를 띤 물체 사이에는 서로 끌어당기는 힘이 작용하지요. 이것은 지위와 나라에 따라 달라지거나 하지도 않습니다. 이러한 물리 법칙은 이미 우리 주위에 존재하므로 새로 물리법을 만들지 않아도 됩니다."

물리부 장관이 말을 마치자 대통령은 아주 흡족해하며 환하게 웃었다. 이렇게 해서 물리공화국에는 물리 사건을 담당하는 물리법정이 만들어지게 되었다.

이제 물리법정의 판사와 변호사를 결정해야 했다. 하지만 물리학자는 재판 진행 절차에 미숙하므로 물리학자에게 재판 진행을 맡길 수는 없었다. 그리하여 과학공화국에서는 물리학자들을 대상으로 사법 고시를 실시했다. 시험 과목은 물리학과 재판 진행법, 두 과목이었다.

많은 사람들이 지원할 거라 기대했지만, 세 명의 물리 법조인을 선발하는 시험에 세 명이 지원했다. 결국 지원자 모두 합격하는 해프닝이 벌어졌다.

1등과 2등의 점수는 만족할 만한 점수였다. 하지만 3등을 한 '물치'라는 이름의 남자는 시험 점수가 형편없었다. 1등을 한 물리짱 씨가 판사를 맡고, 2등을 한 피즈 씨와 3등을 한 물치 씨가 각각 원고(법원에 소송을 한 사람) 측과 피고 측 변론(법정에서 주장하거나 진술하는 것)을 맡게 되었다.

이제 과학공화국 국민들 사이에서 벌어지는 수많은 사건들이 물리법정의 판결을 통해 원만하게 해결될 수 있었다. 그리고 국민들은 물리법정의 판결들을 통해 물리를 쉽고 정확히 이해하게 되었다.

방전관에 관한 사건

전류가 흐르는 방전관

전선이 끊겨도 불이 들어올까요?

'딩동, 딩동!'

"자! 모두들 자리에 앉으세요. 오늘은 새로 전학
온 친구를 소개하겠어요. 과학공화국에서 온 유리
라는 친구에요."

유리는 금방이라도 눈물이 뚝 떨어질 것만 같은 초롱초롱한 큰
눈이 매력적이었고, 천사처럼 깔끔한 하얀 원피스를 입고 있었다.
유리는 교단에 올라가 친구들을 보며 환한 미소를 지었다.

"안녕! 난 강유리라고 해. 지난 주말에 과학공화국으로 이사 왔
어. 만나서 반가워."

목소리도 예뻤다. 4학년 3반의 여자아이들은 질투어린 시선으로 유리를 보았다. 그러나 유독 반짝거리는 눈빛으로 유리를 강렬하게 바라보는 눈이 있었다.

"반장!"

"……."

"반장! 장동간!"

"네. 네?"

동간이는 유리를 넋을 잃고 바라보느라 선생님의 말은 듣는 둥 마는 둥 정신이 없었다.

"일단 오늘은 동간이 옆 자리에 유리가 앉도록 해요. 모두들 사이 좋게 지내요. 그럼 이제 1교시 수업을 시작하겠어요. 유리야! 저기 들어가 앉으렴."

유리는 수줍은 듯 동간이 옆에 앉았다. 동간이는 얼굴이 붉어져서는 어쩔 줄을 몰라 했다.

"안녕?"

유리가 나지막한 목소리로 동간이에게 인사를 했다. 동간이는 점점 얼굴이 빨개져서는 금방이라도 뻥하고 터질 것만 같았다.

"장동간!"

"네?"

동간이는 자리에서 벌떡 일어나며 큰 소리로 대답했다. 반 아이들은 동간이의 갑작스러운 행동에 모두들 까르르 웃어댔다.

"동간이가 오늘 왜 이럴까? 네가 제일 좋아하는 과학 시간에 졸기라도 한 거야? 호호호~!"

선생님도 엉뚱한 동간이를 바라보며 웃으셨다. 동간이는 머리를 긁적이며 멋쩍어 했다.

"오늘은 전기에 대해서 배우도록 하겠어요. 자! 전학 온 유리가 예쁜 목소리로 오늘 배울 주제를 읽어 보도록 하겠어요."

유리는 자리에서 일어나 동간이의 책을 함께 보며 또박또박 읽어 나갔다.

"전선이 끊어지면 전기가 흐르지 않는다."

동간이의 귓가에는 유리의 목소리가 마치 은쟁반에 옥구슬이 굴러가듯 마냥 아름답게 들렸다. 유리는 자리에 다시 앉았다.

"동간아!"

"응?"

"너 과학 무지 잘한다며?"

"아니…… 조금."

"무슨! 전에 살던 곳에서도 네 과학 실력에 대한 소문이 자자하던 걸?"

"그래? 호호호~!"

"어떻게 하면 너처럼 과학을 잘 할 수 있어?"

"그냥. 열심히……."

"그럼 우리 방과 후에 같이 공부하자. 우리 과학 동아리에 들어

올래?"

"좋아!"

동간이는 무엇보다 매일같이 유리와 과학 실험을 할 수 있다는 것에 신이 났다.

"반장! 왜 이렇게 시끄러워?"

"네. 네?"

"오늘따라 동간이가 자꾸 수업에 집중을 안 하네? 오늘 배우는 주제를 다시 한번 읽어봐요!"

"네……. 전선이 끊어지면 전기가 흐르지 않는다."

"동간이랑 유리! 그만 떠들고 수업에 집중해요."

"네!"

"네!"

동간이와 유리는 동시에 대답을 하고는 서로를 바라보며 눈웃음을 쳤다.

'딩동댕~!'

"음! 오늘은 여기까지에요. 다음 수업은 국어 수업이에요. 쉬는 시간에 장난 심하게 하지 말고, 알았죠?"

"네!"

"반장!"

"차렷! 경례!"

"감사합니다."

모든 수업이 끝나고 아이들은 가방을 싸고 있었다.

"유리야."

동간이가 유리를 불렀다.

"왜?"

유리는 화사한 미소로 동간이를 바라보았다.

"오늘 과학 동아리방에 가기로 했잖아?"

"앗! 참! 그랬지."

둘은 교실 뒤편에 있는 동아리방으로 갔다. 동아리방에는 많은
실험 기구가 있었다. 그때 유리가 기다란 유리관을 보더니 무슨 생
각이 난 듯 소리쳤다.

"동간아. 형광등은 유리관으로 만들지? 그런데 왜 전선이 보이지
않지?"

"글쎄……. 혹시 전선이 없는 게 아닐까?"

"전선이 없으면 전기가 흐르지 않는다고 했잖아?"

"그렇지."

두 사람은 잠시 대화를 멈추고 서로의 얼굴을 바라보았다. 직접
확인해 보고 싶은 마음이 두 사람의 마음 속에 동시에 떠올랐기 때
문이었다. 이내 두 사람은 유리관 안에 금속으로 된 두 개의 극을
설치하고 전선을 연결하였다. 그리고 전선에 꼬마전구를 연결한 뒤
높은 전압의 전지와 스위치를 연결했다.

"자! 한번 실험해 볼까?"

동간이는 이렇게 소리치고는 스위치를 눌렀다. 그런데 놀랍게도 꼬마전구에 불이 들어왔다.

"어떻게 된 거지? 전구에 불이 들어왔다면 전선에 전기가 흐른 거잖아? 유리관 안의 두 금속 사이에는 전선이 연결되어 있지 않은데 말이야."

"과학 선생님이 틀린 걸까?"

두 사람은 결국 이 사실을 과학 선생님에게 알려주었고, 과학 선생님도 같은 실험을 해보았다. 그리고 과학 교과서에서 '전선이 끊기면 전기가 흐르지 않는다.' 라는 말은 거짓이라며 과학 교과서 제작 업체를 물리법정에 고소했다.

전기가 공기 중으로 이동하면서 방전현상이 일어납니다.

여기는 물리법정

전선이 끊겨도 전기가 흐를까요?
물리법정에서 알아봅시다.

 재판을 시작합니다. 먼저 피고 측 변론해 주십시오.

 전기는 전선을 통해 전자가 이동하면서 흐르게 됩니다. 이렇게 전자가 움직이는 흐름을 전류라고 합니다. 기차가 길이 끊어지면 갈 수 없듯이 전자도 전선이 없으면 움직일 수 없습니다. 그러므로 이번 건은 유리와 동간 두 학생의 실험이 잘못되어 나온 것이라고 밖에는 볼 수 없습니다. 따라서 과학 교과서에는 아무 이상이 없다고 주장합니다.

 원고 측 변론을 들어보겠습니다.

 방전 연구소의 소방전 박사를 증인으로 요청합니다.

 증인 요청을 받아들이겠습니다.

노란 바탕에 검은 줄무늬의 티셔츠를 입은 50대의 남자가 증인석으로 들어왔다.

 증인은 방전에 대한 연구를 하고 있는 걸로 아는 데 방전이 뭐죠?

방전이란 전기가 공기 중으로 이동하는 것을 말합니다.

 전선 없이도 말인가요?

 그렇습니다. 가장 대표적인 방전이 번개입니다.

 그럼 유리관에서도 전선 없이 전기가 흐를 수 있나요?

 그렇습니다. 유리관 안에 2개의 전극을 설치하고 높은 전압의 전원과 연결하면 두 개의 전극 사이에 전선이 없어도 전기가 흐릅니다. 이때의 관을 방전관이라고 부릅니다.

 전기가 왜 흐르는 거죠?

 두 개의 금속극 중 음극에서 전자들이 튀어나와 양극으로 달려가기 때문입니다.

 잘 이해가 안 되는 군요. 전선이 없는데 어떻게 전기가 흐르죠?

 물론 전자는 금속인 도선을 통해 잘 이동합니다. 하지만 물이나 공기를 통해서도 이동할 수 있습니다. 겨울에 정전기가 생기죠? 그렇게 생긴 전기도 시간이 지나면서 공기 중으로 흘러나가는데 그런 걸 방전이라고 부릅니다.

 그렇군요. 방전현상에 의해 전선이 없어도 전기가 흐를 수 있겠군요. 판사님!

 어린 학생이 대단하다는 생각이 듭니다. 물론 초등학교에서 방전관에 대한 물리는 배우지 않지만 항상 앞서가는 과학 영재들이 있을 수 있다는 것을 명심해서 과학 책을 쓸 때 좀 더

신중하게 쓰기를 당부합니다. 이상으로 재판을 마치도록 하
겠습니다.

재판이 끝난 후, 유리와 동간이는 자신들이 우연히 만든 방전관
을 과학발명대회에 출품하여 대상을 받았다.

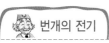 번개의 전기

번개는 구름에 생긴 전기가 땅으로 쏟아져 내려오면서 공기 분자들과 충돌하여 열과 빛을 내는 방
전현상이다.

아르곤도 끼워 줘요

아르곤이 들어있는 네온사인도 있을까요?

사건속으로

"이야~! 이 도시의 화려한 네온 불빛이 없었다면 어땠을까?"

번화가에는 밤이 깊어갈수록 빛은 더욱 화려해지고 알록달록한 빛깔들은 밤의 분위기를 한층 더 고조시켜줬다.

"이 네온을 발견한 사람은 엄청 부자가 되었겠다. 그치?"

"그렇겠지. 네온을 사용하는 사람들이 한둘 이니? 지금 우리가 서 있는 이 거리에만 해도 온갖 빛깔들이 수를 놓고 있는데…… 그 사람은 누군지 몰라도 정말 벼락부자가 되었을 거야."

피터와 리즈는 오랜만에 번화가를 거닐며 이런저런 이야기를 나누고 있었다.

"우리도 뭔가 발명을 해보자! 발견을 하면 얼마나 좋을까?"

"그게 뭐 쉬운 일이냐? 그만큼 노력을 해야지!"

"물론 노력을 해서 얻은 사람들도 있지만. 세렌디피티(Serendipity) 라고 우연히…… 정말 생각지도 못했는데 무엇을 발견하거나 발명한 사람들도 많아."

"정말?"

"그래. 아마 이 화려한 불빛 네온을 발명한 사람도 우연히 발견한 것인지도 모르지?"

"이야~! 정말 운이 무지하게 좋은 사람인가 보다. 완전 부러운 걸?"

"그러게. 우리 저기 번쩍 빛나는 광고 간판에 있는 피자나 먹으러 들어가자!"

두 사람은 피자를 먹기 위해 피자 가게 안으로 들어갔다.

"이야! 가게 안에도 온통 네온사인이구나. 피자 모양도 있고!"

"그러게. 그러고 보니 정말 대단하다."

리즈와 피터는 자리에 앉아 피자를 주문했다. 얼마 후 치즈가 가득 앉혀진 피자가 나왔다.

"우와~! 너무 맛있겠다."

피터는 피자를 입에 한 가득 베어 물었다. 고소한 치즈의 향이 입 안 가득 퍼지자 피터는 행복한 미소를 띠었다. 리즈도 피자를 들어 입으로 가져갔다.

바바리코트를 걸쳐 입은 중년의 신사가 가게 안으로 들어왔다.

"어서 오십시오."

"피터! 저 바바리코트 엄청 비싼 건데…… 완전 명품이잖아!"

"정말?"

"응! 그리고 저 구두랑 모자도 상당히 비싼 거야. 저 사람 무슨 회장이라도 되나?"

"나이는 그리 많지 않아 보이는데?"

중년의 신사는 자리에 앉아 음식을 주문하고는 두리번거렸다. 피터의 옆 테이블에 앉아 있던 남학생들이 수군거렸다.

"야. 저 사람 윌리엄 아니야?"

"그치! 나도 처음 들어왔을 때 딱 그 사람인 것 같더라고!"

"이야~! 저런 갑부를 이런 피자 가게에서 보게 되다니……."

"네온 발견하기 전에는 우리랑 똑같았겠지 뭐?"

"그랬겠지. 완전 벼락부자잖아! 저 시계 빛나는 것 좀 봐! 완전 부럽다."

피터와 리즈는 깜짝 놀랐다. 조금 전까지 두 사람의 입에 오르내리던 그 누군가가 바로 눈앞에 있는 것이었다.

"리즈! 저 사람이 그럼…… 그 네온 발견자?"

"그런가 봐! 정말 엄청난 돈을 벌었다더니 장난 아닌가 보네. 명품으로 온 몸을 감싼 것 같아."

"이야~!"

피자 가게 안의 사람들은 먹던 피자를 내려놓고 그를 뚫어져라 바라보았다. 윌리엄은 피자가 나오자 바로 입으로 가져갔다. 정신없이 피자 한 판을 먹어치우고는 다시 무언가를 주문했다. 시간이 조금 흐른 뒤 열 판은 되어 보이는 피자를 포장해 가지고 피자 가게를 나섰다. 그제야 사람들은 이런 저런 얘기를 하며 음식에 집중을 하였다. 피터와 리즈도 다시 피자를 먹기 시작했다.

"저 윌리엄이라는 사람. 정말 부럽기는 하다."

"그러게. 나도 뭐라도 좀 발견했으면 좋겠다."

그때 갑자기 벌떡 일어나 가게 문을 박차고 나가는 사람이 있었다.

"윌리엄, 당신만 부자 되라는 법 있나? 나도 엄연히 발견자란 말이야!"

레일리는 아르곤을 발견한 사람이었다. 그런데 그는 어떤 부도 누리지 못하고 있었다. 자신과는 정반대로 네온의 발견으로 엄청난 부와 명예를 안은 윌리엄을 볼 때마다 그의 가슴은 갈기갈기 찢기는 것만 같았다.

"이상해. 네온이나 아르곤은 모두 같은 족에 속하는 원자들이야. 다른 물질들과 반응을 거의 하지 않기 때문에 비활성기체라고 부르지. 그렇다면 이런 공통적인 성질이 있으니까 아르곤을 쓰는 것도 있을 텐데…… 왜 그 네온만 사용료를 받느냐 말이야."

씩씩거리며 레일리는 피자 가게를 나와 집으로 향했다. 집으로 가는 길에도 곳곳 마다 네온사인이 그를 비웃는 것만 같았다.

"윌리엄! 정말 완전 성공했군. 그런데 나는……."

그는 어깨가 축 늘어져서는 집으로 터벅터벅 무거운 발걸음을 옮겼다.

반면 네온 발견자, 즉 특허권을 가진 윌리엄은 네온 사용료를 청구하여 부자가 되었다.

"하하하. 밤거리가 화려해 질수록 나의 주머니는 점점 무거워지는 군! 하하하~!"

윌리엄은 나날이 부자가 되어갔다. 그의 옷과 신발 등은 모두 명품으로 바꾸어졌다. 그리고 집도 궁전이라고 할 정도로 화려하고 웅장하게 변해갔다. 하지만 그의 입 맛 만은 여전히 변하지 않았다.

"음, 예전에 먹던 그 피자가 먹고 싶군. 어떡하지. 그건 배달도 안되는데…… 사람들이 날 알아보면……. 음……."

시간이 흐를수록 그는 점점 더 피자가 먹고 싶어졌다. 결국 그는 고급 외제차를 몰고 밤에 피자 가게로 향했다. 혼자서 피자 가게로 들어가 한 판을 급하게 먹어치웠다. 역시나 그를 알아보는 사람들이 있어서 그는 빠르게 먹고 나갈 생각이었다.

'또 먹고 싶어. 어떡하지? 사람들이 나만 쳐다보잖아? 안 되겠어. 싸 가지고 가야겠어.'

윌리엄은 종업원을 조용히 불렀다.

"저기…… 피자 열 판만 포장해 주세요."

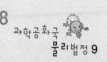

"네? 열 판이요?"

"가족들이 많아서…… 허허허!"

"잠시만 기다려 주세요."

"네."

피자를 기다리는 내내 그는 초조했다. 부자가 된 이후로 그는 마치 헐리웃 배우들처럼 사생활이라는 것이 무의미해 졌다. 어디를 가든지 파파라치들이 그를 쫓아다녔기 때문이다. 이번에도 피자 먹는 사진들이 우스운 모습으로 편집되어 몇 초 후면 인터넷에 오를지 모를 일이었다. 잠시 후 피자가 나오고 윌리엄은 재빨리 돈을 지불하고 사라졌다.

"유명해지고 돈도 많아져서 좋긴 한데…… 사생활이 없군."

이런 윌리엄을 질투어린 시선으로 바라보던 레일리는 스스로 조사를 하기로 했다.

"분명 아르곤을 쓰는 것도 있을 거야."

꼼꼼히 조사를 하던 중에 그는 아르곤을 채운 것도 있다는 사실을 발견했다.

"좋아! 나도 이제 윌리엄처럼 대 스타가 되는 거야! 하하하! 당장 내일부터라도 잔뜩 신경을 쓰고 다녀야겠는 걸? 하하하!"

그는 자신이 발견한 아르곤에 대한 사용료를 받아야겠다고 주장하였다. 그러나 이는 받아들여지기는커녕 무시만 당하였다. 이에 화가 난 레일리는 물리법정에 이를 고소하기에 이르렀다.

네온사인이 내는 빛의 색을 보면
채워진 물질을 알 수 있습니다.

여기는 물리법정

네온사인에는 네온만 사용될까요?
물리법정에서 알아봅시다.

 재판을 시작합니다. 먼저 피고 측 변론해
주십시오.

 밤거리를 화려하게 수놓은 네온사인, 이건
어디까지나 네온이 만들어 낸 환상적인 빛이에요. 그런데 아르
곤이 왜 끼어드는 거죠? 나 원 참! 정말 알 수가 없어요. 아르
곤사인이라는 말은 없잖아요. 그러므로 이번 사건은 재판할 가
치가 없다는 게 개인적인 생각입니다.

 원고 측 변론하세요.

 방전관 연구소 소장인 크루 박사를 증인으로 요청합니다.

 증인 요청을 받아들이겠습니다.

40대의 검은 선글라스를 쓴 남자가 팔자걸음으로 법
정으로 들어왔다.

 네온사인의 원리가 뭐죠?

 유리관에 극히 낮은 압력의 기체를 채우고 양극에 높은 전압
을 가하면 전류가 흐름에 따라 희미한 빛이 발생하는데 이러

한 현상을 글로방전이라 하며, 각 기체에 따라 특유한 색이 부
드럽게 발광합니다.

 구체적으로 어떤 색을 냅니까?

 네온을 넣으면 붉은색을 띠고 아르곤을 넣으면 자주색을 띱니
다. 그러므로 자주색을 띠면 아르곤사인이라고 해야 하는데
처음 발명된 것이 네온을 넣어 만든 네온사인이고 그것이 가
장 많이 사용되기 때문에 이렇게 기체를 채워 넣어 빛을 내는
유리관을 모두 네온사인이라고 부르는 것입니다.

 그렇군요. 그런데 왜 기체의 종류에 따라 다른 색깔의 빛이 나
오는 것입니까?

 전자가 네온 기체와 부딪히면 네온 원자핵 주위의 전자와 충
돌하여 전자의 에너지가 높아지고 전자는 네온의 원자핵에서
멀어집니다. 공을 위로 던지면 공의 위치에너지가 커지듯이
말이지요. 그런데 공은 결국 바닥으로 내려오듯이 원자핵에서
멀어졌던 전자는 다시 원래의 위치로 돌아오는데 그때 두 위
치의 에너지 차이에 해당되는 에너지를 갖는 빛을 방출합니
다. 이 에너지 차이가 크면 큰 에너지의 빛이 나오는데 그러면
파장이 짧은 보랏빛이 나오고 에너지의 차이가 작으면 파장이
긴 빨간색의 빛이 나옵니다. 즉 네온의 경우보다는 아르곤의
경우 전자의 위치 에너지의 차이가 더 크기 때문에 파장이 더
짧은 자주색의 빛이 나오는 것입니다.

판결하겠습니다. 이름이 네온사인이라고 해도 어떤 경우는 네온이 아닌 아르곤이 채워진 경우도 있으므로 아르곤의 발견자에게도 어느 정도의 기여가 되어야 한다고 생각합니다. 그러므로 네온사인과 아르곤사인의 사용 비율을 따져 아르곤 발견자 에게도 어느 정도의 이득이 돌아가게 할 것을 판결합니다.

재판이 끝난 후, 자주색 빛을 내는 네온사인의 이름을 모두 아르곤사인으로 바꿨었고 그 사용료는 레일리에게 돌아갔다.

 빛과 파장

우리 눈에 보이는 빛을 가시광선이라고 하는데 파장이 긴 빨강빛부터 파장이 짧은 보랏빛까지 일곱 색깔의 빛이다. 그리고 빨강빛보다 파장이 길어서 우리 눈에 보이지 않는 빛을 적외선, 보랏빛보다 파장이 짧아 우리 눈에 보이지 않는 빛을 자외선이라 부른다.

화면이 나오지 않는 텔레비전

전자층에서 나온 빛이 어떻게 브라운관에 골고루 부딪힐까요?

원시마을에서 가장 부자로 손꼽히는 만복 씨는 괴팍한 성격으로 소문이 자자했다. 어찌나 자린고비인지 자신의 집 하인들에게도 빈대를 붙기 일쑤였다.

"일만복? 어휴……."

마을 사람들은 그의 이름만 들어도 고개를 절레절레 저었다. 그러던 어느 날 만복 씨가 도시에 갔다 오면서 희귀한 물건을 가지고 왔다.

"조심해! 조심하란 말이야!"

신주단지 모시듯 조심스럽게 물건을 집으로 들여왔다. 하인들 여럿이 큰 상자를 힘겹게 옮겼다. 꽤나 무게가 나가는 듯 보였다.

"저기 마루 한 가운데다가 내려놔!"

만복 씨는 일하는 사람들을 마당에 모이게 했다.

"지금 당장 마을 사람들을 우리 집으로 모두 데리고 오게!"

"네? 무슨 일로……."

"토 달지 말고! 일단 마을 사람들을 다 모아오면 돼! 어서! 빨리 움직이란 말이야!"

하인들은 그의 급한 성격을 잘 아는지라 곧장 마을 사람들을 데리러 나갔다. 만복 씨는 상자를 뜯지도 않은 채 흐뭇하게 바라보았다. 얼마 지나지 않아 마을 사람들이 하나둘씩 모여들었다.

"자! 다들 모였는가?"

"무슨 일로 불렀습니까?"

"곧 알게 될 거야. 그런데 방앗간 장 씨는 왜 안 보여?"

"읍내에 나갔어요."

"음. 어쩔 수 없지! 돌팔아! 이 상자를 벗겨 보아라!"

돌팔이는 상자를 뜯기 시작했다. 거침없는 손길에 만복 씨는 기겁을 했다.

"아니. 이 녀석아! 조심히 뜯으란 말이야! 그러다가 내 보물이 다 치기라도 하면 어떡하려고!"

"네."

상자를 다 뜯자 마을 사람들은 술렁이기 시작했다.

"어머! 저거 텔레비전이라는 거 아니야?"

"그래. 나도 읍내에 갔다가 본 거 같아."

"저거 엄청 비싸다고 하던데…… 역시 부자는 달라!"

만복 씨는 놀라는 마을 사람들을 보며 고개를 끄덕였다. 그리고 팔짱을 끼고 텔레비전의 전원을 켰다. 마침 드라마가 하고 있었다.

"우와~!"

마을 사람들은 마냥 신기하기만 했다. 모두들 최면에라도 걸린 듯 텔레비전 앞에서 떠날 줄을 몰랐다. 한 시간 정도 지나서 만복 씨는 텔레비전을 껐다.

"왜 끄세요! 중요한 순간이었는데……."

"다시 켜주세요."

사람들은 모두 웅성거리기 시작했다. 만복 씨는 텔레비전 앞에 서서 말했다.

"이 텔레비전을 틀면 전기세가 얼마나 많이 나가는 줄 압니까? 지금 한 시간 동안 틀어준 것도 나처럼 인심이 후한 사람들이나 보여주는 거지."

마을 사람들은 순간 조용해졌다. 사람들의 눈치를 살피고 난 후 만복 씨는 다시 말을 이어나갔다.

"그래서 내가 특별히 여러분들께 텔레비전을 보여주겠습니다. 한 시간에 단 돈 10달란을 받도록 하겠습니다."

"10달란이요? 너무 비싸요."

사람들은 만복 씨에게 항의를 했지만 절대 받아들여질 리가 없었다. '텔레비전이야 보지 않으면 그만이다.'라고 말하기에는 이미 때가 늦었다. 한 시간 동안 텔레비전의 매력에 흠뻑 취한 마을 사람들은 텔레비전을 보지 않을 수가 없게 되었다.

"자! 그럼 지금부터 텔레비전을 보실 분은 10달란씩을 내고 보시면 되고, 아닌 분들은 어서 우리 집에서 나가주세요. 돌팔아!"

"네."

"어서 돈 받아라."

"어르신. 알겠습니다."

돌팔이는 사람들에게 일일이 돌아다니며 돈을 받았다. 몇몇 사람들은 그냥 집으로 돌아갔지만 대부분의 사람들이 10달란씩을 내고 텔레비전을 보았다.

"빨리 틀어줘요! 아까 보던 거 이어서 봐야 해요."

돈이 거의 거둬지자 만복 씨는 그제야 텔레비전을 켰다. 사람들은 다시금 텔레비전에 푹 빠졌다. 자신의 일도 내팽개치고 텔레비전 앞에 멍하니 앉아 있는 사람들도 있었다.

"자! 한 시간 지났습니다. 10달란을 더 내든지, 아니면 그만 집으로 돌아가세요."

사람들은 자기도 모르게 주머니에서 돈을 꺼내 돌팔이에게 주었다. 그렇게 며칠이 지나자 돈이 꽤 모이게 되었다.

"흐흐흐! 역시 난 머리가 좋아! 이게 웬 횡재야! 10달란씩 받았더니 그새 이렇게 돈이 많이 모였네. 하하하! 음, 이제 사람들이 텔레비전에 제대로 중독이 되었으니까 5달란 정도는 더 올려 받아도 문제없겠어."

만복 씨는 욕심이 생겨 텔레비전 시청료를 5달란 더 올려 받기 시작했다. 마을 사람들은 처음에는 항의를 했지만 역시 소용없는 것을 알고는 순순히 돈을 냈다. 그러던 어느 날, 만복 씨네 옆집에 객지 사람이 새로 이사를 왔다.

"어라? 텔레비전이 이상해요!"

"그러게. 화면이 일그러져 보이잖아?"

사람들은 만복 씨에게 환불을 요구하기 시작했다.

"화면이 점점 일그러져 보이지가 않아요. 아까 낸 시청료 돌려주세요."

"텔레비전이 망가졌나 봐요. 빨리 수리하세요."

어쩔 수 없이 만복 씨는 돈을 돌려주어야 했다. 자신의 수중으로 들어온 돈은 결코 주지 않는 만복 씨로서는 치욕스러운 경험이었다.

"텔레비전이 왜 갑자기……."

텔레비전의 화면은 갈수록 더 심해졌다. 아무리 생각해도 갑자기 고장 날 일이 없었다.

"돌팔아!"

"네, 어르신."

"도대체 텔레비전이 왜 이러는 걸까? 정말 수리를 맡겨야하나! 수리비 아까운데."

"근데! 이런 말씀 드려도 될지 모르겠지만……."

"무슨 말이냐? 어서 말해봐!"

"옆집에 새로 이사를 온 후로 텔레비전이 먹통이 된 것 같아서……. 그냥 제 생각이에요."

"그래. 그렇지!"

만복 씨는 벌떡 일어나 옆집으로 가서 대문을 두드렸다.

"이리 오너라!"

잠시 후 한 남자가 문을 열어주었다.

"무슨 일입니까?"

"나 옆집 사는 일만복이오."

"네, 안녕하세요. 근데 무슨 일로?"

"그냥. 근데 무슨 장사를 한다고 들었는데."

"아, 자석이요! 자석을 팔고 있어요."

"자석? 그렇다면 저 창고에 자석이 가득하다는 거요?"

"네. 그런데 무슨 문제라도 있나요?"

만복 씨는 창고로 가서 문을 활짝 열었다. 자석이 가득히 쌓여있었다.

"뭐하는 겁니까? 허락도 없이 남의 창고 문을 열고!"

"이게 범인이었어. 나의 보물덩어리를 망쳐놓은 범인!"

"네? 지금 무슨 소리를 하시는 겁니까?"

만복 씨는 콧김을 잔뜩 뿜으며 얼굴이 붉어졌다.

"이봐요! 당신의 자석이 나의 텔레비전을 망가뜨렸어요! 당장 손해 배상해요!"

"내 자석이랑 당신 텔레비전이랑 무슨 상관이 있다고 억지 쓰지 말고 나가주세요."

"뭐? 감히 내가 누군지 알고……."

화가 잔뜩 난 만복 씨는 당장 물리법정으로 달려갔다. 그리고 옆집 사람을 텔레비전 파기 죄로 고소하기에 이르렀다.

텔레비전의 전자총에서 나온 전자가
자석 근처에서 힘을 받아 방향이 바뀌면서
브라운관에 골고루 도달하게 됩니다.

텔레비전과 자석은
어떤 관계가 있을까요?
물리법정에서 알아봅시다.

 재판을 시작합니다. 먼저 피고 측 변론
을 들어보겠습니다.

 나 원 참! 텔레비전이야 전원을 켜면 화면
이 나오는 전기 제품인데 자석 때문에 텔레비전이 안 나온다
는 게 말이 됩니까? 당근 안 되지요.

 그런가요? 원고 측은 다른 의견 있습니까?

 물론이지요. 텔레비전 연구소의 조멀리 박사를 증인으로 요청
합니다.

 증인 요청을 받아들이겠습니다.

머리가 벗겨진 40대의 남자가 촐랑거리면서 증인석
으로 들어왔다.

 텔레비전은 어떤 원리를 이용한 것입니까?

 방전관의 원리를 이용합니다. 텔레비전에는 전자총이라는 장
치가 있는데 높은 전압의 전원과 연결되어 이곳에서 전자들이
튀어나와 브라운관에 부딪칩니다.

 전자가 브라운관에 부딪히면 화면이 나오나요?

 화면이라는 것은 빛을 말합니다. 즉 눈에 보이는 빛이 우리 눈에 들어오는 것이지요. 바로 이 빛은 전자총에서 나온 전자들이 브라운관의 안쪽에 발라 놓은 형광물질과 충돌하면서 만들어집니다. 그래서 우리는 화면을 통해 그 빛을 보게 되는 것입니다.

 하지만 이상하군요.

 뭐가요?

 전자총에서 나온 전자는 직진할 텐데 그렇다면 브라운관의 위아래에 생기는 화면은 무엇입니까?

 전자총과 브라운관 사이에는 자석이 있습니다. 그런데 전자는 자석 근처에서 힘을 받아 방향이 달라집니다. 그래서 전자가 위로 아래로 옆으로 갈 수 있어 브라운관을 가득 메우는 화면을 만들어 주는 것입니다.

 그럼 다른 곳에서 자석을 들이대면 원래 전자가 가야 할 곳으로 못가고 다른 곳으로 가겠군요.

 그렇습니다.

 판결은 명확해진 거 같군요. 이미 자석을 이용하여 전자가 가야할 곳이 결정되어 있는데 주위의 다른 자석들 때문에 제 위치를 가지 못했으므로 이번 사건은 자석 때문에 생긴 사건이라고 결론을 내리겠습니다. 이상으로 재판을 마치도록 하겠

습니다.

　재판이 끝난 후, 과학공화국에서는 텔레비전 근처에 자석을 가까이 두지 못하게 하는 법안을 만들었다.

 형광

자외선처럼 눈에 보이지 않는 빛을 받아서 눈에 보이는 빛을 발생시키는 것을 형광이라 하고 그런 물질을 형광물질이라 부른다.

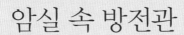

암실 속 방전관

방전관에서 나온 빛이 필름을 손상시킬 수 있을까요?

레이첼은 오늘도 어김없이 백화점에서 마음껏 쇼핑을 하고 자신의 멋진 리무진에 올라탔다.

"포터! 럭셔리 갤러리로 가요! 미술 작품들을 감상해야겠어요."

"네! 알겠습니다."

한 눈에 보아도 그녀는 헐리웃 스타들 못지않게 눈에 띄었다. 돈 많고 예쁜 외모를 가진 레이첼이었지만 지적인 면이 부족해서 항상 그녀의 주변 사람들은 그녀를 졸부, 무식한 바비 인형이라고 불렀다. 이에 콤플렉스를 느낀 레이첼은 나름대로 문화생활을 격식 있게 하려고 애썼다. 그래서인지 갤러리도 자주 가고 음악회, 발레 공연 등을 즐겨 찾았다. 하지만 그곳에서 그녀는 하품을 하고 졸기 일쑤였다. 오늘도 갤러리에 가기는 하지만 그림도 제대로 볼 줄 몰라 형편없는 작품들을 높은 가격에 사기도 했다.

"도착했습니다."

"음. 포터! 30분이면 되니까 잠깐 기다려요. 얼른 그림 하나 사가지고 올게요."

레이첼은 마치 마트에서 장을 보는 듯한 표정이었다. 리무진의 문이 열리고 우아한 원피스와 명품 핸드백을 팔에 걸친 레이첼이 갤러리로 들어갔다.

"어머, 사모님! 오셨어요? 오늘도 좋은 작품이 많이 있답니다. 호호호~!"

갤러리에서 그녀는 VIP고객이었다. 대충 그려도 비싼 가격에 그림을 사가기 때문에 환영 받기에 충분했다.

"이 작품은 사모님처럼 우아한 작품이에요. '꽃의 여왕'이라는 작품인데요. 화려하고 매혹적인 게 사모님이랑 똑 닮았죠?"

"음, 그런가? 좋네요."

레이첼은 대충 그림을 훑어보았다. 그리고 속으로 생각했다.

'도대체 뭐지? 죄다 꽃 밖에 없고, 정신없게……. 이게 우아한 그림인가? 그림에 대해 뭘 알아야지. 휴~! 뭐, 큐레이터가 우아하다면 우아한 거겠지!'

"좋아요! 이 그림 내가 살게요."

"어머~! 정말 예술에 대한 조예가 아주 깊으세요. 호호호! 사모님은 아주 지적인 분이세요."

"뭐 이정도 가지고. 호호호!"

레이첼은 '지적이다'는 말을 가장 좋아했다. 그 말 한마디면 뭐든지 다 오케이였다. 그녀는 갤러리를 나와 하루 일과를 마치고 집으로 돌아왔다. 그녀의 남편 숀은 기사의 양손 가득 들린 쇼핑백과 그림을 보고는 고개를 절레절레 흔들었다.

"레이첼! 또 무슨 그림을 산거요? 도대체 싸구려 그림들을 값비싸게 주고."

"무슨 소리에요? 내가 그림에 대해 무지하다는 말이에요? 어떻게 당신이……. 흑흑흑~!"

"아. 그게 아니라, 알았어요. 내가 잘못했으니 울지 말아요."

"뚝!"

다음 날, 레이첼은 또 쇼핑으로 하루를 시작했다.

"포터! 오늘은 과학 전시회에 가야겠어."

"네, 알겠습니다."

"근데 과학 전시회에서도 뭐 살게 있나?"

"네?"

포터는 놀란 눈으로 레이첼을 바라보았다. 아무리 무식하다고는 하지만 이 정도로 무식한 줄은 몰랐다.

"아, 아니야! 어서 가지!"

과학 전시관에 도착한 레이첼은 이곳저곳 전시장을 둘러보며 지루함에 연신 하품을 해댔다.

'도대체 과학 전시회는 왜 하는 거야? 음~ 졸려. 뭐가 뭔지 하나도 모르겠어!'

그런데 그때 멀리서 신비로운 빛이 새어 나왔다.

"어머~!"

레이첼은 빛이 나는 쪽으로 걸어갔다.

"예쁘다."

그녀는 예쁘고 아름다운 것들은 모두 가져야만 직성이 풀리는 성격이었다.

"포터! 이거 나 갖고 싶어. 당장 구해다줘요."

"네?"

"빨리! 어서! 꼭 이거여야 해!"

"한번 알아보겠습니다."

포터는 과학 전시관 관계자를 찾아가 사정을 설명하고는 바로 그 자리에서 그것을 가지고 왔다. 집으로 돌아오자 숀은 빛나는 것을 보고는 의아해했다.

"아니 이거 방전관 아니야?"

"숀! 당신은 이게 뭔지 알아요? 오묘한 빛이 나와요. 예뻐서 가져왔어요. 호호호~!"

"참나. 이제는 별걸 다 가지고 오는구먼. 허허!"

레이첼은 매일 같이 방전관을 보았다. 그러나 그녀는 새로 산 물건에 금방 지루함을 느꼈다. 방전관도 예외는 아니었다.

"음, 이제 이 빛도 질렸어. 어디다가 놓지?"

집안을 둘러보던 레이첼은 기사인 포터의 암실이 눈에 띄었다. 포터는 운전기사이며 집사였다. 그는 사진 찍기가 취미였으나 그에게 사진은 취미 이상으로 목숨보다 소중한 것이었다. 이를 아는 숀도 그에게 암실을 마련해 주었었다.

"아하! 포터에게 선물해야지! 호호호~!"

레이첼은 방전관을 암실에 몰래 두었다. 그리고 나중에 전원을 켜서 숀을 놀래 주려고 검은 천으로 방전관을 덮어 두었다. 그 순간 실수로 방전관의 전원이 켜지면서 '위잉!' 하는 소리가 들렸지만 레이첼은 대수롭지 않게 여기고 암실을 나왔다.

그리고 며칠이 지났다.

"으아악!"

숀의 집 안에는 포터의 비명 소리가 울려 퍼졌다.

"포터! 무슨 일인가? 이른 아침부터 소리를 지르다니! 깜짝 놀랐네."

"죄송합니다. 그런데 제 필름이 모두 못 쓰게 돼서 그만……."

"무슨 소리야? 자네 필름이 왜?"

"누군가 제 암실에 방전관을 들여 놓았습니다. 정말 중요한 필름인데…… 제 목숨보다 더 소중한 것입니다. 절대 용서 할 수 없습니다."

"뭐? 방전관?"

숀은 곧장 침실로 가서 단잠에 빠져 있는 레이첼을 흔들어 깨웠다.

"레이첼! 일어나 봐! 어서."

"으…… 음……. 왜요? 나 아침 안 먹을래요. 당신 혼자 먹어요."

"당신이 포터 암실에 방전관을 갖다 놓았어?"

"음……. 당신이 그걸 어떻게 알아요? 내가 포터를 위해서 일 부러……."

"당신 제 정신이야?"

"네?"

레이첼은 화난 숀의 목소리에 놀라 잠이 확 달아났다.

"숀! 무슨 소리에요?"

"당신이 방전관을 포터 암실에 놓는 바람에 포터의 필름이 모두 못 쓰게 되었잖아! 포터가 고소하겠다고 난리야. 어떻게 할 셈이 야? 왜 그랬어!"

"방전관 때문에 필름이 못 쓰게 되었다고요? 말도 안 돼! 방전관 이 켜지긴 했지만 검은 천으로 덮어놓았기 때문에 필름이 망가질 리가 없어요."

"어휴!"

"그래서 포터가 날 고소라도 하겠대요?"

"포터에게는 정말 중요한 필름이었다고 하는데…… 정말 당신을 고소할 지도 몰라~!"

"무슨 말이에요? 난 잘못 없어요."

레이첼은 이해 못하는 눈빛으로 어리둥절해 했다. 포터는 화가 단단히 나서 결국 레이첼을 물리법정에 고소하기로 했다.

X선은 투과력이 있어
검은 천 정도는 쉽게 통과 할 수 있습니다.

필름이 왜 못 쓰게 되었을까요?
물리법정에서 알아봅시다.

 먼저 피고 측 변론을 들어보겠습니다.

 포터라는 사람 정말 나쁜 사람이군요. 자신
이 불량 필름을 구입해 놓고서는 괜히 자신
의 암실을 아름다운 빛으로 꾸며준 레이첼에게 말도 안 되는
책임을 지게 하다니 말입니다. 포터를 과학 무고죄로 고발하
고 싶습니다.

 일단 재판을 계속합시다. 원고 측은 피고 측 변론에 대한 반론
을 제기해 주십시오.

 X선 연구소의 노투간 박사를 증인으로 요청합니다.

 증인 요청을 받아들이겠습니다.

　검은 콧수염이 유난히 돋보이는 50대의 남자가 증인
석으로 들어왔다.

 증인이 하는 일은 뭐죠?

 새로운 방사선을 찾는 일입니다.

 방사선이 뭐죠?

 물질을 잘 투과하는 성질을 가진 빔입니다. 빔이라는 것은 같은 종류의 알갱이들의 흐름인데. 예를 들어 물총을 쏘면 같은 종류인 물 분자들로 이루어진 물 빔이 나옵니다.

 그럼 이번에 필름을 망가트린 것이 방전관에서 나온 빛인가요?

 그렇습니다.

 이상하군요. 방전관에서 나오는 빛은 우리 눈에 보이는 빛이니까 검은 천을 뚫고 나올 정도는 아니잖아요?

 눈에 안 보이는 빛도 나옵니다.

 그게 뭐죠?

 X선이라는 빛인데 눈에 안 보이지만 투과력이 있어 검은 천 정도는 쉽게 뚫고 나옵니다. 그 X선이 필름을 망가뜨린 겁니다.

 판결합니다. 이번 사건은 레이첼이 방전관에서 나오는 빛이 검은 천을 절대 통과하지 못할 거라 생각한데서 생긴 사고이므로 이 모든 책임이 레이첼에게 있다고 판결합니다.

재판이 끝난 후, 레이첼은 포터의 필름을 변상해 주었고 레이첼은 법원 명령에 따라 4주간의 X선 관리 교육을 받았다.

 X선과 감마선

자외선 보다 파장이 더 짧아지면 X선이 되고 X선 보다 파장이 더 짧아지면 감마선이 된다. 빛은 파장이 짧을수록 에너지가 크기 때문에 감마선이 X선보다 에너지가 더 크다.

원자에서도 X선이 나온다니까요?

X선으로 원자를 구분할 수 있을까요?

사건속으로

과학공화국에는 유난히 물리학자가 많이 사는 아파트가 있다. 20층짜리 썩소지음 아파트에서는 많은 물리학자가 이사 오고 이사 나가는 모습을 볼 수 있었다. 그중 김무우 씨가 아내와 아들을 데리고 물리학자가 많기로 소문난 썩소지음 아파트에 이사를 왔다.

"이 정도면 어느 정도 짐 정리는 된 거지?"

"네. 그럼 앞집에 이 떡 좀 돌리고 오세요."

"웬 떡?"

"이사하면 인사치레로 시루떡 돌리는 거 모르세요? 앞집 1302호에 인사하고 오세요."

"응. 알았어."

항상 연구실에 앉아 연구만 하다 보니 세상 돌아가는 일에는 조금 서투른 김무우 씨였다. 그래도 김무우 씨는 처음 내 집 마련에 성공한 이 집에서 잘 살기 위해 앞집과의 친분은 꼭 필요하다고 생각했다. 그래서 시루떡을 들고 부끄러움을 감수하고 1302호 벨을 눌렀다.

'딩동, 딩동!'

집 안에 퍼지는 벨소리가 들렸다. 덜컥 문이 열리고 부스스한 머리에 동그란 안경을 낀 남자의 얼굴이 빠끔히 나왔다. 그는 김무우 씨를 제대로 쳐다보지도 않은 채 문을 닫으려고 했다.

"저흰 보험 안 합니다."

"아니, 그게 아니라. 앞집에 이사왔어요."

닫으려는 문을 겨우 잡고 김무우 씨가 떡을 불쑥 내밀었다. 그제야 1302호 남자도 안경을 고쳐 쓰고 떡을 받았다.

이렇게 처음 만난 두 사람은 우연치 않게 같은 물리학자였고 1301호가 김무우 씨네 집. 그리고 1302호가 김우유 씨의 집으로 성씨도 같아 금세 친해질 수 있었다. 그래서 도시에 물리학회가 열리면 같이 가보기도 하고 같이 아파트 벤치에 앉아 물리에 대해서 이야기할 때면 날이 새는지도 모를 정도로 두 사람은 코드가 잘 맞았다.

어느 날은 김무우 씨가 쓰레기를 버리러 나오던 길이었다. 그때 마침 김우유 씨도 아내의 심부름을 위해 슈퍼에 가려고 나오고 있었다.

"안녕하세요. 어디 가시나 봐요."

"네, 슈퍼에 잠깐 가려고요."

두 사람은 인사를 나누며 같이 엘리베이터를 탔다. 김우유 씨가 김무우 씨에게 웃으며 말했다.

"저번에 주신 떡 너무 잘 먹었어요."

"아니에요. 이사하면서 시끄러웠을 텐데요."

"아닙니다. 혹시 시간이 되신다면 오늘 저녁에 저희 집에서 식사 안 하실래요?"

마침 토요일이라 두 사람 모두 다른 약속이 없었다.

"정말 그래도 됩니까? 그렇다면 저야 고맙죠."

"그럼 오늘 아내에게 맛있는 거 해놓으라 할 테니 아내 분이랑 꼭 오세요!"

그렇게 김무우 씨는 저녁 식사를 초대 받았고, 그날 저녁 아내와 함께 1302호 벨을 눌렀다. 들어서자마자 여러 물리 공식들이 가득 적힌 벽지와 유명한 물리학자의 사진이 여기저기 걸려 있는 게 눈에 띄었다. 부엌에서는 맛있는 냄새가 솔솔 흘러나와 김무우 씨의 코를 자극했다.

"어서 오세요! 차린 것은 없지만 많이 드세요."

차린 것이 없다는 말과 다르게 식탁 위에는 스테이크부터 시작해서 치킨 샐러드, 맛깔스러워 보이는 파스타까지 식탁 다리가 부러질 정도로 음식이 차려져 있었다.

"우와~ 정말 맛있겠네요."

김무우 씨와 아내는 의자에 앉았다. 식사를 하기 위해 김우유 씨 아내가 각자의 접시에 작은 스테이크 두 개를 옮겨 담았다.

"스테이크가 두 개네요."

두 가족은 스테이크에 레드 와인을 곁들어 마시며 물리학에 대한 얘기를 주고 받았다. 그러던 중 김우유 씨가 최근에 본 논문 얘기를 꺼냈다.

"원자에 X선을 쪼여 주면 새로운 X선이 나온데요. 그리고 그 X선의 진동수만 알면 어떤 원자인지 알 수 있다고 하던데요."

"말도 안돼요. X선은 방전관에서 만들어져요. 그걸 원자에 쪼여준다 해도 원자는 X선과 반응하지 않고 X선은 원자로 이루어진 물질을 투과해서 그대로 나오기 때문에 같은 X선으로 관찰 될 거예요. 아마도 그건 김우유 씨가 잘못 아는 내용일 거예요."

김무우가 김우유 씨의 말을 반박했다.

처음에는 조용하게 시작되었던 두 사람의 토론은 점점 더 격해지기 시작했다. 그 날 이후 두 사람의 관계는 급속하게 나빠졌고 두 사람은 눈도 마주치지 않는 사이가 되었다. 그러던 중 김우유 씨는 자신이 논문에서 본 내용을 신문의 과학 칼럼에 게재했다.

"아니! 이 사람이 이 엉터리 얘기를 전 국민이 보는 신문에 싣다니. 그냥 두어서는 안 되겠군~!"

아침에 신문 칼럼을 본 김무우 씨는 흥분하여 김우유 씨가 엉터리 물리학을 사람들에게 말하고 다닌다며 그를 물리법정에 고소했다.

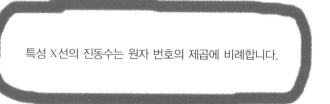

특성 X선의 진동수는 원자 번호의 제곱에 비례합니다.

여기는 **물리법정**

과연 X선으로 원자의 종류를 알 수 있을까요?

물리법정에서 알아봅시다.

 재판을 시작합니다. 먼저 원고 측 변론해 주십시오.

 X선은 방전관에서 만들어지고 물질을 투과하는 능력이 있습니다. 즉 원자로 이루어진 물질을 물질 속의 원자와 반응하지 않고 지나쳐 버리죠. 그러므로 김우유 씨의 주장처럼 X선을 서로 다른 원자로 이루어진 물질에 쪼였다고 해서 다른 X선이 나올 수는 없어요. 같은 X선이 나오지요. 그러므로 김우유 씨는 사기 과학내용을 신문에 게재한 죗값을 마땅히 치러야 한다고 생각합니다.

 피고 측 변론을 들어보도록 하겠습니다.

 X선 연구소 소장인 김엑스 박사를 증인으로 요청합니다.

 검은 머리를 길게 늘어뜨린 50대의 남자가 증인석에 앉았다.

 증인은 X선 전문가죠?

 그렇습니다.

X선의 투과력은 어느 정도죠?

종이나 천은 뚫을 수 있지만 금속은 투과하지 못합니다.

모든 걸 다 투과하는 건 아니군요. 그렇다면 원고 측 변호사의 주장은 틀린 말이군요. 그럼 X선으로 원자의 종류를 알 수 있나요?

그렇습니다. X선을 원자에 쪼여주면 X선이 원자 속의 전자와 충돌합니다. 이때 X선의 도움으로 에너지를 얻은 전자는 좀 더 높은 에너지의 상태로 이동했다가 다시 빛을 방출하면서 원래의 낮은 에너지 상태로 떨어지는데 이때 두 에너지의 차이가 크면 진동수가 큰 빛인 X선이 나오게 됩니다. 이것은 원자 속 전자의 배치에 따라 달라지기 때문에 이런 X선을 각 원자의 특성 X선이라고 부르지요.

특성 X선으로 어떻게 원자의 종류를 알 수 있죠?

원자의 종류는 원자 번호로 구별됩니다. 즉 원자 속의 전자의 총수이지요. 그런데 실험에 의하면 원자에서 발생되는 특성 X선의 진동수는 원자 번호의 제곱에 비례한다는 것이 알려져 있어요. 이것을 이용하면 특성 X선의 진동수로부터 그 물질이 어떤 원자들로 이루어졌는지를 알 수 있지요.

정말 신기한 법칙이군요. 그렇죠? 판사님.

판결합니다. X선이 다 같은 게 아니었군요. 원자의 모습에 따라 2차적으로 만들어지는 특성 X선의 경우는 달라지니까 말

이에요. 그러므로 김우유 씨의 과학 칼럼은 아무 문제가 없다고 판결합니다. 이상으로 재판을 마치겠습니다.

재판이 끝난 후, 김무우 씨는 김우유 씨에게 사과했으며 두 사람의 사이는 다시 좋아졌다. 그리고 지금 두 사람은 특성 X선에 관한 공동 연구를 진행 중이다.

X선과 금속결정

20세기 초 브래그는 X선을 금속결정에 쪼였을 때 금속 원자들에 의해 X선이 회절된 무늬로부터 금속에서 원자들의 배열에 대해 알 수 있는 방법을 발견했다.

새로운 방사선이라니까요?

방사선을 내는 물질에는 무엇이 있을까요?

과학공화국 북부에 있는 플라이시에는 과학대학으로 유명한 싸이온느대학이 있었다. 싸이온느대학에는 유명한 과학자들이 많이 있었지만 그 중에서도 쿠리라는 이름의 여성 과학자는 방사선 연구 분야에서 최고의 기술을 가지고 있었다.

하지만 같은 대학의 동료교수인 베쿠 교수가 최근에 우라늄에서 투과력이 강한 방사선이 나온다는 것을 알아내자 쿠리 교수는 '우라늄 말고도 새로운 방사선을 내는 물질이 있지 않을까?' 하며 조심스럽게 새로운 물질을 찾는 실험에 들어갔다.

어느 날 쿠리가 실험에 집중해 있을 때 베쿠 교수가 그녀의 실험실을 찾아왔다.

"쿠리 교수."

베쿠 교수가 그녀를 불렀다.

"쿠리 교수."

베쿠가 다시 그녀를 불렀지만 쿠리 교수는 뒤도 돌아보지 않고 실험에 열중했다.

"쿠리 교수."

짜증이 났던지 베쿠 교수가 큰 소리로 그녀를 불렀다. 그제야 그녀가 뒤를 돌아보았다. 그리고는 갑자기 자신의 실험 장치를 몸으로 감추었다.

"누가 들어오라고 했죠?"

쿠리 교수가 베쿠 교수를 노려보며 말했다. 두 사람은 상당한 라이벌이었고 베쿠 교수는 다른 사람의 연구 성과를 잘 빼돌린다는 소문이 있어서 쿠리 교수가 경계를 했던 것이었다.

"뭘 하는 거요?"

베쿠 교수가 가볍게 물었다.

"놀고 있는 중이에요."

쿠리 교수는 자신이 새로운 방사능 물질을 찾고 있다는 사실을 숨겼다.

"뭐 하는 지 좀 봅시다."

"안 돼요. 제 빨랫거리에요. 속옷도 있으니 당장 나가 주세요."

쿠리 교수는 실험 장치를 겉옷에 감싼 채 두 손으로 가리면서 베쿠 교수에게 소리쳤다. 베쿠 교수는 쿠리 교수가 어떤 연구를 하는지 궁금했지만 그 날은 그 쯤에서 물러서야 했다. 그리고 베쿠 교수가 실험실을 나가자 쿠리 교수는 다급하게 실험실 문을 잠그고 다시 실험에 열중했다.

실험에 대한 그녀의 집착은 집요해서 가정은 돌보지도 않으면서 실험실에서 먹고 자며 실험에 열중할 정도였다. 그녀는 다른 연구자들처럼 연구 노트를 쓰는 것이 아니라 과학 일기를 매일매일 썼다. 그녀의 일기장은 아주 단순했다. 예를 들면 다음과 같았다.

4월 7일

몸이 조금 아프다. 오늘은 강가에 있는 돌멩이를 주워와 실험했다. 아무리 기다려도 방사선은 나오지 않는다. 이 돌은 정말 짱돌인가 보다.

4월 8일

오늘은 바닷가에서 돌을 주워 왔다. 벌써 며칠째인가. 방사선이 안 나온지가……. 베쿠 교수의 코를 납작하게 할 새로운 방사선을 찾아야 할 텐데…….

이런 식이었다. 그러던 어느 날 그녀는 피치블렌드(pitchblende)라

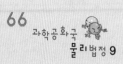

는 광석을 우연히 구입하게 되었다. 그리고 큰 기대 없이 피치블렌드에서 방사선이 나오는 지를 기다려 보았는데 놀랍게도 어마어마한 양의 방사선이 쏟아져 나왔다. 그것은 베쿠 교수가 발견한 우라늄과는 비교도 안 될 정도로 강한 세기의 방사선이었다. 그녀는 실험 결과를 정리해서 학회에서 발표하게 되었다.

"우라늄만이 방사선을 내는 건 아니에요. 제가 이번에 발견한 방사선은 아마 다른 광석에 포함되어 있는 다른 물질에서 나온 방사선이 틀림없어요."

쿠리 교수가 조심스럽게 자신의 연구 결과를 발표하자, 이를 조용히 듣고 있던 베쿠 교수가 입을 열었다.

"하하, 쿠리 교수, 당신은 왜 내가 한 일을 재탕치기 하는 거죠?"

"재탕치기라뇨?"

"피치블렌드 광석 속에 우라늄이 들어 있다는 것은 누구나 다 아는 사실입니다. 그러므로 당신이 발견한 방사선은 내가 발견한 위대한 원소 우라늄에서 나온 것이죠."

"하지만 성질이 좀 다른 것 같은데……."

쿠리 교수는 기어들어가는 목소리로 말했다. 아직 자신이 새로운 물질을 찾지 못했기 때문이었다. 결국 이 학회에서 쿠리는 베쿠 교수로 인해 사기 발표를 한 셈이 되었고 이 일로 그녀는 교수자리에서도 쫓겨나게 되었다. 그러자 그녀는 베쿠 교수를 상대로 물리법정에 재판을 신청했다.

방사능의 세기는 방사선 물질마다 다릅니다.

여기는 **물리법정**

우라늄 이외에 방사선을 내는
또 다른 물질이 있을까요?
물리법정에서 알아봅시다.

 재판을 시작합니다. 먼저 피고 측 변론해 주
십시오.

 내용이 좀 어려워서 뭔 말인지는 모르겠지
만 베쿠 교수가 준 자료에 의하면 쿠리 교수가 발견한 건 새
로운 게 아니라 우라늄의 방사선임에 틀림이 없어요. 아무튼
다른 학자가 한 일을 마치 자신이 한 것처럼 하는 고질적인
버릇이 없어져야 하는데…….

 원고 측 변론을 들어보도록 하겠습니다.

 쿠리 교수를 증인으로 부르겠습니다.

 증인 요청을 받아들이겠습니다.

단아한 모습의 긴 생머리의 여자가 증인석으로 들어
왔다.

 증인은 우라늄이 아닌 새로운 방사선 물질이 있다고 주장했
지요.

 네.

그 물질이 피치블렌드 속에 있나요?

 그렇습니다.

 어떤 물질이죠.

 라듐이라는 물질입니다. 이 물질은 우라늄과는 비교도 안 될 정도의 강한 방사선을 가지고 있습니다. 그러므로 완전히 다른 원소이지요. 나는 그 외에도 폴로늄이라는 방사성 물질을 발견했습니다. 내 연구에 의하면 방사선을 내는 물질은 앞으로 점점 더 많이 발견될 것입니다. 그러므로 베쿠 교수가 발견한 우라늄만이 방사선을 방출하는 건 아니라는 거죠.

 존경하는 재판장님. 우리는 국립 과학 연구소에서 퀴리 교수가 발견한 라듐에서 나오는 방사선과 우라늄에서 나오는 방사선의 투과력 테스트를 한 결과 라듐에서 나오는 방사선의 투과력이 훨씬 더 크다는 것을 확인했습니다. 그러므로 퀴리 교수의 방사선 물질은 새로운 물질이라고 주장합니다.

 원고 측 자료를 검토한 결과, 라듐과 우라늄의 방사능의 세기가 큰 차이를 보이므로 두 물질이 같은 물질이라고 여길 수 없어 퀴리 교수의 새로운 방사선 물질 발견을 인정합니다. 대학은 퀴리 교수를 다시 복직 시키고 연구를 계속 할 수 있도

록 장려해 주기 바랍니다. 이상으로 재판을 마치도록 하겠습니다.

재판이 끝난 후, 쿠리 교수는 과학계의 스타가 되었고 그녀는 이 업적으로 노벨 물리학상을 받는 최초의 여성이 되었다.

방사선 물질 저장고

방사선 물질에 따라 투과력이 달라질까요?

창고업체를 운영하는 돈마나 회장은 창고업계에서는 유명한 인물이었다. 그는 허름한 창고로 시작하여 지금은 가장 많은 창고를 보유하고 있는 갑부가 되었다. 과학공화국의 대부분의 물류 창고에서부터 각종 창고들의 90%가 그의 소유였다.

"회장님! 윤 회장이라는 분이 면담을 요청해 왔습니다."

"윤 회장? 연구소 소장? 오늘은 일정이 바쁘니까 내일 다시 오라고 하지."

"네, 알겠습니다."

돈 회장은 어려운 시절을 보낸 탓에 불우한 사람들을 돕는데 힘을 썼다. 오늘도 보육원에 봉사를 갈 채비를 하느라 바빴다.

"아이들이 좋아하는 과자랑 음식들 다 챙겼지?"

"네, 장난감이랑 선물들도 모두 실었습니다."

"잘했군. 어서 가지! 녀석들이 목이 빠져라 기다리고 있을 거야."

사무실을 막 나가려는 순간 얼음 아이스크림 회사의 대표와 마주쳤다.

"돈 회장님! 아이스 창고 건 때문에 왔는데, 어디 외출하시는 중이세요?"

"중요한 일이 있습니다. 내일 다시 오시죠."

"급한 일인데. 30분 정도만 시간을 내주시면……."

"아이스 창고의 비용을 할인해달라는 거면 소용없습니다."

"그게……. 하지만 창고 비용이 너무 비싸서."

"그럼 다른 창고를 알아봐요. 당신 회사의 아이스크림은 조금만 온도가 떨어져도 형태가 변해버리니 그 온도를 유지하려면 그 정도의 비용은 감수해야할 것 아니요. 그게 싫다면 뭐. 중이 절을 떠나야지!"

"회장님! 10%만 할인해 주셔도."

"그만하지. 나가봐야 하네."

돈마나 회장은 정이 많았지만 일에 있어서는 조금도 양보할 줄 몰랐다. 이러한 그의 냉정한 경영 철학이 오늘의 그를 만들었을 지도 모른다.

"회장님! 큰일 났습니다."

관리부장이 회장실로 달려오며 말했다.

"무슨 일인데 이리 호들갑이야?"

"어제 물류 창고 A-101에서 도난 사건이 일어났다고 합니다. 그 창고는 A급이라 명품들이 잔뜩 들어 있었는데……."

"뭐라고? 도대체 경비들을 어떻게 한 거야? 피해 규모는 얼마나 되나?"

"적어도 1000만 달란은 될 것으로……."

"1000만 달란? 책임자 당장 자르고, 모두 변상해 주도록 해!"

"네, 죄송합니다. 지금 현장에 가보시겠습니까?"

"안 돼! 오늘 보육원 약속 있어. 오늘따라 다들 왜 이렇게 귀찮게 구는 거야? 으흠!"

돈 회장은 큰 도난 사고에도 흔들리지 않고 침착한 태도를 보였다. 다만 불편한 심기를 드러내고 차에 올라탔다. 보육원에 도착하여 아이들을 보자 금세 표정은 온화해졌다.

"산타 할아버지!"

아이들은 돈 회장을 산타 할아버지라고 불렀다. 올 때마다 맛있는 음식과 선물을 들고 오는 돈 회장이 어린 아이들의 눈에는 산타와 다를 바가 없었다.

"할아버지가 오늘은 오래 있지 못할 것 같구나. 대신에 특별 선물을 가져왔단다."

잠시 후 큰 트럭이 보육원으로 들어왔다. 트럭의 문이 열리자 어린이들이 좋아하는 놀이 기구들이 하나씩 내려졌다.

"우와~!"

볼풀에서부터 트램펄린까지 아이들은 신나게 놀기 시작했다. 돈 회장은 이곳에 오면 마음이 편안해졌다.

"회장님! 윤 회장님께서 계속 연락이…… 아주 급한 사안이라고 합니다."

"거참. 알았네. 전화기 이리 줘 봐!"

송 비서는 휴대전화를 넘겨주었다.

"여보세요."

"돈 회장님! 지금 꼭 만나야겠습니다."

"무슨 일입니까?"

"급히 부탁할 일이 있어서 그럽니다. 지금 만날 수 있습니까? 전화로 할 이야기가 아니라서…… 긴밀한 사항입니다."

"으흠. 한 시간 뒤에 내 사무실로 오세요."

"알겠습니다."

기밀이라는 말에 돈 회장도 어쩔 수 없었다. 아이들과 짧은 만남을 하고 다시 사무실로 돌아왔다. 차 안에서 송 비서는 돈 회장에게 웃으며 말했다.

"회장님. 제가 10년을 모셨지만 정말 모를 분이에요. 보육원에 있을 때는 너무나도 인자하고 여유로우신데 일에 있어서는 정말 빈

틈 하나 없으시니……."

"그게 내가 회장이 된 이유지. 허허허~!"

"존경합니다."

"고맙네!"

윤 회장은 이미 회장실 앞에 서서 기다리고 있었다.

"돈 회장님!"

"들어갑시다!"

윤 회장의 얼굴은 다소 상기되어 있었고 매우 진지한 표정이었다. 소파에 앉아 차도 마시지 않고 이야기를 시작했다.

"이건 기밀입니다. 예상하셨을지 모르지만, 방사선 물질을 저장할 창고가 필요합니다. 돈 회장님 창고만한 곳이 없다는 거 잘 알고 있습니다."

"그런데 그게 왜 기밀인가?"

돈 회장은 이미 짐작하고 있으면서 모르는 척 되물었다.

"회장님. 지금 우리 과학공화국에서는 어떠한 방사선 물질도 보관해서는 안 된다는 금지령이 내려져 있습니다. 하지만 저희 연구소에서는 연구에 필요한 방사선 물질을 어느 정도의 양은 국민들이 모르게 보관을 해야 합니다. 맡기는 물건에 대한 비밀은 꼭 지킨다는 것이 돈 회장님의 경영 철학이라는 것 잘 압니다."

"그거야 그렇지. 내 경영 철학을 아주 잘 알고 있는 것 같은데…… 그런 기밀이라면 그 대가는 엄청나다는 것도 알고 있겠군."

"네? 뭐, 짐작은 했습니다."

돈 회장은 한참을 고민하고 있었다. 그는 머릿속으로 창고의 가치를 계산하고 있었다. 조금 뜸을 들이다가 입을 열었다.

"나라에서 금지하는 방사선 물질을 보관한다는 것은 보통 일은 아니죠. 그렇죠?"

"그렇습니다."

윤 회장은 비꼬는 듯한 돈 회장의 말투가 마음에 영 걸렸다. 분명 큰 대가를 바라는 눈치였다. 서류 봉투를 내밀며 말했다.

"저희 연구소와 또 다른 두 연구소가 있습니다. 각각 한 종류씩 모두 세 종류의 방사선 물질을 저장할 생각입니다. 비용은?"

돈 회장은 서류 봉투를 열어 보더니 그의 말을 툭 자르며 말했다.

"음, 윤 회장 연구소의 방사선 물질은 감마 방사선을 내잖아? 그렇다면 저장 비용이 가장 비싸겠어."

"네?"

"방사선 물질의 종류에 따라 저장비가 다르다는 거 모르나?"

"얼마나 차이가 나죠? 비슷하지 않나요?"

서류를 좀 더 꼼꼼히 살펴보던 돈 회장은 고개를 저으며 말했다.

"음, 강 회장의 방사선 물질 저장 비용보다 30배는 더 비싸겠어."

"뭐라고요? 말도 안 돼!"

"이 정도의 가치가 없나? 그렇다면 그냥 돌아가게. 난 바가지 씌우는 사람이 아니네. 정확한 비용을 받는 거지."

윤 회장은 자리에서 벌떡 일어났다.

"돈 회장! 아무리 돈 욕심이 많지만 이러면 안 되지! 어려운 연구소에서 이렇게 부탁을 하는데, 세 연구소 모두 똑같이 비용을 지불한다면 모를까 왜 우리 연구소만 비싼 비용을 지불해야 합니까?"

"그건 아까도 말했듯이 방사선 물질의 종류가 다르기 때문이요."

"됐습니다. 그런 말에 제가 속을 것 같습니까?"

말은 그렇게 했지만 돈 회장의 창고 외에는 그것을 보관할 곳이 없었다. 문을 나서려다가 다시 뒤를 돌아보았다.

"돈 회장님!"

하지만 돈 회장은 고개도 돌리지 않고 창가 쪽으로 걸어가 창 밖을 응시했다.

"정말 너무합니다. 이런 식으로 바가지를 씌우려는 겁니까? 우리 연구소는 당신처럼 돈이 넘쳐나는 곳이 아니란 말이야! 당신! 내가 물리법정에 고소하겠어!"

그런 협박에도 돈 회장은 아무런 반응이 없었다.

"고소하겠다고!"

"마음대로 하게. 허허허~!"

이에 화가 난 윤 회장은 물리법정으로 달려가 돈 회장을 공정거래 위반으로 고소하였다.

방사선 원소의 붕괴에 따라 물체에서 방출되는 방사선에는
알파선, 베타선, 감마선이 있습니다.

여기는 **물리법정**

방사선 물질이 방출하는
방사선에는 몇 종류가 있을까요?
물리법정에서 알아봅시다.

 재판을 시작합니다. 먼저 원고 측 변론해

주십시오.

 방사선이면 다 방사선이지 무슨 차이가 있

나요? 그냥 무시무시한 방사선이 밖으로 나오지 못하게 막기

만 하면 되는 거 아닌가요? 이건 암만 봐도 창고 측에서 종류

를 임의로 나눠 보관료를 더 받으려는 속셈이에요. 이런 악덕

업주를 중죄로 다루어 주실 것을 부탁드립니다.

 재판을 지켜봅시다. 피고 측 변론해 주십시오.

 방사능 연구소의 이방사 박사를 증인으로 요청합니다.

 증인 요청을 받아들이겠습니다.

머리가 하얗게 벗겨진 50대의 남자가 증인석으로 들
어왔다.

 방사선에도 종류가 있습니까?

 세 종류가 있습니다. 알파선, 베타선, 감마선이죠.

 어떤 차이가 있습니까?

 방사선은 투과력이 좋은 빔입니다. 그러므로 투과력을 비교해 보면 투과력이 가장 작은 알파(α)선, 그 다음 베타(β)선 그리고 가장 투과력이 좋은 감마선(γ)의 세 종류로 나누어집니다. 이 실험은 방사선 원소에서 나오는 방사선은 알루미늄판을 투과시켜 방사능의 세기가 절반으로 줄어드는 판의 두께를 측정해 보는 실험이었는데 그 두께가 클수록 투과력이 강합니다.

 어떻게 되었죠?

 알파선은 0.0005cm, 베타선은 0.05cm, 감마선은 8cm가 되었습니다.

 감마선의 투과력이 엄청 세군요.

 그렇습니다.

 왜 이렇게 투과력의 차이가 생기는 거죠?

 방사선을 이루는 알갱이들이 다르기 때문입니다.

 어떻게 다릅니까?

알파선은 양의 전기를 띤 헬륨 이온이고 베타선은 에너지가 큰 전자들의 흐름이며 감마선은 전기적으로 중성이고 질량이 없는 빛 알갱이들의 흐름입니다. 그러므로 입자의 크기가 가장 작은 감마선이 투과력이 가장 좋은 것입니다.

 잘 들었습니다. 그럼 판결합니다. 투과력이 강하다는 것은 그 만큼 보관하기가 쉽지 않다는 것을 의미하므로 투과력이

강한 방사선 물질의 보관료를 비싸게 받는 것은 정당하다고
판결합니다. 이상으로 재판을 마치겠습니다.

재판이 끝난 후, 감마선이 투과력이 강하다는 것이 알려지면서
감마선을 내는 방사능 물질을 관리하기 위해서는 좀 더 튼튼한 벽
으로 만들게 되었다.

 베타선

중성자로 원자핵을 때리면 중성자가 원자핵에 들어가 양성자로 바뀌면서 전자가 만들어진다. 이렇
게 만들어진 전자들의 흐름이 바로 베타선이다.

전자의 발견과 전하량의 측정

X선과 더불어 음극선을 통한 최대의 업적 중의 하나가 바로 전자의 발견입니다. 우리는 전류가 전자의 흐름이라는 것을 알고 있습니다. 그리고 전류는 양극에서 음극으로 흐른다고 배웁니다. 하지만 실제로 도선을 따라 이동하는 것은 음의 전기를 띤 전자이며 이 전자는 음극에서 양극으로 움직입니다. 그럼 '왜 전류의 방향과 실제 도선을 따라 움직이는 전자의 방향이 다른 것일까?' 하는 의문이 생길 것입니다. 그 답은 음의 전기를 띤 전자가 너무 늦게 발견되었기 때문입니다.

1850년대부터 물리학자들은 방전관을 이용한 음극선 연구에 박차를 가하고 있었습니다. 물론 그 과정에서 X선도 발견되었습니다. 그러나 이 시기는 이미 전기와 자기에 대한 이론이 완성이 된 시기였습니다. 그리고 전류란 양의 전기를 띤 알갱이들의 흐름이므로 전류의 방향은 양극에서 음극을 향하는 방향으로 결정되어 있었습니다. 그러므로 전기와 자기에 대한 이론이 완성되고 한참 후에 도선을 따라 움직이는 전자라는 입자가 음의 전기를 띤다는 것을 알게 되었어도 혼란을 피하기 위해 전류의 방향을 이전 사람들이 정의한대로 양극에서 음극으로 인정해 버리게 된 것입니다.

1890년 영국의 슈스터(Arthur Schuster, 1851-1934)는 방전관 속에서 발생하는 음극선이 자기장에 의해 휘어지는 현상에 대한 많은 실험을 통해 음극선을 이루는 음의 전기를 가진 아주 작은 알갱이의 전하량과 질량의 비를 측정하였습니다. 하지만 그의 계산은 정확하지가 않아 다른 물리학자들의 관심을 끌지는 못했습니다.

1897년 4월 30일 영국 왕립 연구소의 금요 저녁 회의에서 영국의 물리학자 톰슨은 지난 4개월간에 걸친 음극선에 대한 실험 결과를 발표했습니다. 이 발표에서 그는 자신이 음의 전기를 띤 아주 작은 입자를 발견했다고 주장했는데 톰슨이 발견한 이 입자를 훗날 사람들은 전자라고 부르게 되었습니다. 20세기에 들어와서 전자는 물성과학 분야는 물론 전자공학, 의공학 등 다양한 응용 분야에서 핵심적인 역할을 하게 됩니다. 하지만 음극선에 대한 연구로부터 오늘날 우리가 전자라고 부르는 개념이 나오기까지는 여러 과학자들의 수많은 실험과 이론적 작업이 복합적으로 진행되었습니다.

전자의 발견과 전하량의 측정

뢴트겐의 X선 발견은 큰 파장을 몰고 왔습니다. X선은 외과 수술에서 중요한 역할을 하게 되는데 1986년 1월 20일 베를린의 어느 의사는 X선을 이용하여 손가락 속에 박힌 유리 조각을 꺼냈고 같은 해 2월 7일 영국의 한 의사는 X선으로 어떤 소년의 두개골에 박힌 총알을 꺼내는데 성공했습니다. 이로써 방사선 의학 분야가 X선의 발견으로 싹트게 되었습니다.

X선으로 촬영한 뢴트겐의 아내의 손뼈 사진을 본 사람들은 충격에 휩싸였습니다. 특히 여자들의 경우는 더 그랬는데 그들은 X선이 사람의 알몸을 들여다 볼 수 있는 투시력을 가졌다고 여기고 외출을 꺼리는 일까지 벌어졌습니다.

X선의 최초 발견자가 뢴트겐이 아니라는 얘기도 있습니다. 뢴트겐이 X선을 발견하기 전에도 많은 물리학자들이 방전관으로 음극선을 연구했습니다. 크룩스는 음극선 연구를 하다가 방전관 주변의 사진 건판들이 흐려지는 것을 확실히 발견했습니다. 그러나 그는 그것이 방전관에서 나온 미지의 방사선에 의한 것이라고 생각하지 못했습니다. 그는 단지 자신이 불량한 사진 건판을 구입한 것이라고 생각하고 사진 건판 가게에 항의하는데 그쳤습니다. 이렇게 물리학에서는 누구나 볼 수 있는 현상을 어떻게 옳게 해석하는가가 중요한 문제입니다. 그런 해석을 하지 못했던 크룩스는 X선을 제일 먼저 발견하고도 그 모든 영광을 뢴트겐에게 넘겨주어야 했습니다.

과학성적 끌어올리기

형광이란 무엇인가?

형광에 대해 좀 더 알아봅시다. 형광물질에 보라 바깥 빛을 쪼여
주면 빛 알갱이들이 물질 속에 있는 원자와 충돌하여 에너지를 줍
니다. 에너지의 일부는 열을 만들어 원자의 운동 에너지를 증가시
키고 일부는 원자 속에 들어 있는 전자를 높은 에너지 상태로 올려
보냅니다. 이렇게 불안정하게 높은 에너지 상태로 올라간 전자는
다시 원래의 상태로 내려오면서 빛을 방출하게 되는데 그 빛이 눈
에 보이는 빛이 되는 것입니다.

원자 모형에 관한 사건

흑체복사 – 검은 물체가 어디 있어요?

원자 모형 – 전자가 빙글 돌면 안 되는데

플라즈마 – 기체 다음의 상태는 뭐죠?

제2장

검은 물체가 어디 있어요?

모든 빛을 다 흡수하는 물체를 만들 수 있을까요?

과학공화국의 학계는 최근 논란거리에 휩싸였다.
그것은 키르라는 과학자가 최근에 발표한 빛과 물질
에 대한 법칙에서 시작되었다. 최근 키르 교수는 학
회에서 다음과 같이 발표했다.

"모든 물체는 자신이 좋아하는 색깔의 빛만 흡수합니다. 그리고
이 물체를 가열하면 물체에서 나오는 빛은 자신이 흡수했던 빛입니
다. 예를 들어 나트륨은 노란 색을 좋아합니다. 그러니까 나트륨은
일곱 색깔의 빛 중 유독 노란색만 흡수하지요. 그러므로 나트륨을
가열하면 노란 빛이 방출됩니다. 사람도 자신이 먹은 음식만 토해낼

수 밖에 없잖아요? 자장면을 먹은 사람이 토했는데 스파게티가 나올리는 없지요. 어때요? 정말 멋진 비유지요?"

키르 교수의 엽기적인 비유에 청중들은 줄줄이 구역질이 났다.

그러자 로린이라는 이름의 한 젊은 과학자가 질문을 던졌다.

"그럼 검은 물체는 어떤 빛을 흡수하죠?"

"검다는 것은 물체에서 우리 눈으로 오는 빛이 하나도 없다는 것을 말합니다. 그러므로 모든 색깔의 빛을 흡수해야 검은 물체가 되지요. 그러므로 우리 눈에 검게 보이는 물체들은 모든 색의 빛을 흡수합니다."

"모든 빛을 흡수하는 물체가 있나요?"

"그렇습니다. 완전한 검은 물체가 존재합니다. 그것은 모든 종류의 빛을 흡수하는 완전한 검은 물체이지요."

키르 교수는 시종일관 여유 있는 표정으로 답변을 마쳤다. 학회가 끝난 후 로린은 연구실로 돌아와 검다고 생각되는 모든 물체들이 과연 모든 색의 빛을 다 흡수하는 지를 조사했다. 검은 머리털, 흑운모, 쇳덩어리와 같이 검은 물체를 대상으로 모두 조사했지만 눈으로 보아 검은 물체들이 모든 색깔의 빛을 흡수하지는 못했다.

"뭐야? 완전한 검은 물체는 없잖아? 지금까지 검다고 하는 것으로 모두 실험해 보았지만 모든 빛을 흡수하지는 않았어. 완전히 검은 물체는 없어. 키르 교수가 사기를 친 게 틀림없어. 완전 검은 물체는 만들 수 없다고."

로린은 결국 키르 교수의 법칙 발표가 틀렸다는 것을 확인하고 그에게 발표 내용의 잘못을 시인하라고 촉구했지만 키르 교수는 이를 거부했다. 결국 두 사람은 물리법정에서 만나게 되었다.

빛 알갱이가 탈출할 수 없는 미로를 만들면
모든 색체의 빛 알맹이를 흡수하는
검은 물체를 만들 수 있습니다.

완전히 검은 물체는 없을까요?
물리법정에서 알아봅시다.

 재판을 시작합니다. 먼저 로린 측 변론해
주십시오.

 그림자는 검게 보입니다. 이것은 장애물에
의해 장애물 뒤쪽으로 빛이 도달하지 않아 우리 눈으로 들어
오는 빛이 없기 때문이지, 모든 빛을 흡수해서 검게 보이는 것
이 아닙니다. 그러므로 본 변호사는 키르가 발표한 논문에 뭔
가 문제가 있다고 판단하고, 키르가 좀 더 신중하게 실험을 한
후 다시 법정에서 이 문제를 제기할 것을 주장합니다.

 키르 측 변론을 들어보도록 하겠습니다.

 흑체 연구소의 거무티 박사를 증인으로 요청합니다.

 증인 요청을 받아들이겠습니다.

피부가 거무튀튀한 남자가 증인석으로 성큼성큼 걸어
들어왔다.

 흑체 연구소라고 하는데 흑체가 무엇입니까?

 검은 물체를 한자로 흑체라고 합니다.

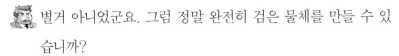 별거 아니었군요. 그럼 정말 완전히 검은 물체를 만들 수 있습니까?

 있습니다.

어떻게 만들죠?

커다란 체육관에 벌레가 겨우 들어갈 수 있는 구멍을 만든 후, 구멍을 통해 벌레들을 집어넣고 불을 끄면 벌레들이 구멍을 통해 탈출할 수 있을까요?

불가능 하겠죠.

그 원리를 쓰는 것입니다. 속이 텅 빈 물체에 작은 구멍을 뚫어 밖은 거울처럼 '매끈매끈' 하게 하는 거죠. 그럼 빛 알갱이들이 벽으로는 반사되어 못 들어가고 조그만 구멍으로만 들어갈 수 있습니다. 그렇게 하면 한번 구멍으로 들어간 빛 알갱이는 절대 밖으로 못 나오거든요.

아하 체육관에 갇힌 벌레들처럼 말이죠?

맞습니다. 빛 알갱이가 탈출할 수 없는 미로죠. 그러므로 이런 방식으로 완전히 모든 색깔의 빛 알갱이를 흡수하는 검은 물체를 만들 수 있습니다.

간단하군요. 미로의 원리를 검은 물체에 접목시킨 아이디어는 일품이었습니다. 그렇다면 키르의 주장대로 완전히 검은 물체를 만들 수 있습니다. 이상으로 재판을 마치도록 하겠습니다.

재판이 끝난 후, 로린은 키르 교수에게 사과했고 지금은 키르 교수의 제자가 되어 완전한 검은 물체를 가열했을 때 나오는 여러 종류의 빛의 세기를 확인하고 있다.

 빛 알갱이

빛 알갱이는 다른 말로 광자라고도 하는데 빛을 이루는 가장 작은 알갱이로 불연속적인 에너지를 가지고 있다.

전자가 빙글 돌면 안 되는데

원자핵 주위의 전자는 아무 위치에서나 존재할 수 있을까요?

과학공화국에는 젊고 잘 생긴 꽃미남 과학자가 있었다. 그의 이름은 루이였다.

"우와~ 루이 최고!"

루이에게는 팬클럽이 있을 정도로 연예인 못지않게 인기가 많았다. 그는 외모도 외모지만 명성이 자자한 과학자들의 주장에 거침없이 반론을 제기하여 모순을 밝혀내는 것으로 유명했다. 그가 논문 발표회에 참가한다고 하면 웬만한 학자들은 긴장을 늦출 수 없었다.

"이번 모임에서는 원자모형 발견자인 리더 씨도 참석한다고 합니다."

"그래요?"

루이의 비서인 라이더가 리더에 대하여 보고하였다.

"내일 몇 시에 모임이 있죠?"

"저녁 7시입니다."

"음, 방송 출연이랑 신문 인터뷰도 있지 않나요?"

"그건 오후 2시와 4시에 있습니다."

"피곤하겠군."

"워낙 인기가 많으셔서 이것도 줄이고 줄인 스케줄입니다."

"뭐, 이놈의 인기가 문제지. 알았으니까 나가봐요."

"네."

하루 종일 방송사와 신문사를 오가며 인터뷰를 하느라 루이는 꽤 피곤했다. 그는 어려서부터 과학 영재라는 소리를 들을 정도로 유명했다. 게다가 뚜렷한 이목구비와 짙은 눈썹, 큰 키는 그를 가만히 놔두지 않았다. 사람들은 그를 완벽한 남자라고 했다. 연구에만 집중하기에는 아까운 외모라는 것이 루이를 어느새 스타로 만들었다. 처음에는 오로지 과학에만 열중을 하려고 했으나 여기저기서 그를 불러대는 통에 지금은 마치 연예인처럼 언론 인터뷰에 정신을 쏙 빼놓을 정도였다.

"정말 피곤한 하루야. 내일도 마찬가지겠지? 그런데 내일 리더 씨가 온단 말이지."

리더는 루이와는 라이벌 관계였다. 리더는 인물이 평범했으나 과학적인 명성만 가지고는 루이보다 앞섰다. 간혹 리더가 사적인 자리에서 루이를 과학자 흉내나 내는 피에로라는 말을 한다는 소리에 감정이 별로 좋지 않았다. 루이는 한 번도 리더를 직접 보지는 못했지만 이미 그가 자신을 좋아하지 않는다는 정도는 들어왔기 때문에 루이 역시 리더에 대해서 자기도 모르는 사이에 나쁜 감정이 쌓여 있었다.

"좋아. 드디어 내일 리더를 보는 건가? 아주 기대되는 군."

루이는 피곤했던 탓에 곧 잠이 들었다.

"일어나십시오. 공화 방송국에 인터뷰하러 가셔야죠?"

라이더는 루이를 흔들어 깨웠다. 루이는 겨우 눈을 떴다.

"뭐야?"

"어서 일어나세요. 이러다가 늦겠어요. 일단 인터뷰 먼저 하고 신문사 갔다가 학회 모임에 참석하셔야 해요."

"휴……."

루이는 간신히 잠에서 깨어나 욕실로 들어갔다. 그리고 토스트를 입에 물고는 카페라떼를 한 잔 마셨다.

"음, 너무 피곤해."

"여기 피로 회복제입니다."

"됐어! 난 휴식이 필요하단 말이야. 이런 드링크는 100병을 마셔도 소용이 없어. 자네나 마셔. 얼른 가지."

루이는 밴에 올라탔다. 방송국 앞에는 그의 팬들이 환호성을 지르며 그를 맞이했다. 그런데 오늘따라 유난히 피곤했던 루이는 그런 팬들의 모습이 영 눈에 거슬렸다.

"방송국 후문으로 가지."

"그래도 팬들이 오래전부터 기다렸는데, 내려서 인사라도……."

"얼른!"

"알겠습니다."

라이더는 차를 후문으로 돌렸다. 다행히도 후문은 조용했다. 루이는 내려서 녹화를 시작했다. 리포터는 자주 봤던 존이었다.

"루이 씨, 요즘은 바쁘셔서 연구에 집중을 하지 못한다는 말이 있던데, 아무래도 그냥 연예인을 하시는 게 더 낫지 않을까요? 하하하~!"

존은 너스레를 떨며 말했다. 루이는 좀처럼 웃음이 나오지 않았다.

"전 과학자입니다. 언론에 자주 얼굴을 내비치느라 연구할 틈이 없어서 과학자로서 엉망이었지만 이제는 언론을 자제하고 제 본업에 전념하고 싶습니다."

루이의 말에는 웃음이 조금도 묻어나지 않았다. 순간 녹화장에 있는 스텝들과 리포터는 얼음이 되어버렸다. 이에 매니저인 라이더는 수습하느라 진땀을 뺐다.

"저기……. 오늘 루이 씨가 컨디션이 별로 안 좋아서. 인터뷰는 아무래도 다음번에…… 그리고 오늘 인터뷰는 편집해 주십시오."

라이더는 허겁지겁 루이를 데리고 차로 내려왔다. 루이는 계속 기분이 좋지 않아 보였다.

"무슨 일 있었어요? 어제까지도 아무렇지 않았잖아요."

"그냥, 회의가 들어. 내가 정말 연예인이 된 것 같아. 난 어려서부터 과학자가 꿈이었는데……."

"오늘 인터뷰는 모두 취소할게요. 이따 학회 모임은 가실 거죠? 그것도 취소할까요?"

"아니! 이제 과학 관련 모임은 절대 빠지지 않겠어. 그리고 인터뷰도 자제해야겠어. 아까 내가 한 말 모두 진심이야. 라이더. 부탁이야. 난 연예인이 아니라 과학자로서 살고 싶어."

"알았어요. 조정해 볼게요."

"고마워."

그러나 얼마 후 바로 인터넷 기사가 떴다.

'루이, 이제 과학자로 돌아갈래요.'

제목은 그럴듯 했으나 기사 내용은 마치 거만한 루이의 행동을 비난하는 내용으로 온갖 도배가 되어 있었다.

"이런!"

라이더는 당장 방송국에 전화를 했지만 이미 늦은 일이었다. 네티즌들은 루이의 거침없는 행동에 이제는 부정적인 반응을 보였다. 악플들이 수십 건씩 줄지어 달렸다.

'과학자 망신 그만 시켜라. - ID : 줄리아'

'연예인이냐? 과학자냐? - ID : 로버트'

루이는 악플을 보며 괴로웠지만 한편으로 홀가분한 기분이 들었다. 그는 꽃미남 과학자가 아닌 평범한 과학자가 되기로 결심했다.

"괜찮아요?"

"응! 몇 시지? 얼른 학회 모임 가야지!"

"여섯 시 반이에요. 지금 출발하면 여유 있게 도착할 거예요."

루이는 다른 학회원들보다 조금 일찍 모임 장소에 도착했다. 리더도 이미 와 있었다.

"루이! 저기 저 사람이 리더에요. 오늘 발표자에요."

"그래? 좋아. 이제 다시 거침없는 반론의 힘을 보여줄 때가 왔군."

루이는 회의장 맨 앞쪽에 자리를 잡았다. 리더는 루이를 보고 표정이 별로 좋지 않았다.

"아니 이게 누구에요? 연예인 루이 씨 아니에요? 여긴 무슨 일로? 무슨 팬 사인회라도 오셨나? 하하하~!"

루이는 화가 났지만 꾹 참았다.

"안녕하십니까? 저는 리더입니다. 오늘 제가 주장할 내용은……우선 이 원자 모형을 보십시오. 원자는 가운데 양의 전기를 띤 핵 주위를 음의 전기를 띤 전자가 빙글빙글 돌고 있는 모양입니다."

유심히 원자 모형을 살펴보고 있던 루이는 자리에서 일어나 말했다.

"리더 씨! 당신의 원자 모형은 잘못되었어요. 전기를 띤 놈이 돌면 빛이 나오잖아요? 그럼 에너지가 떨어져서 계속 돌지는 못할 텐데…… 안 그런가요? 그럼 저 원자 모형은 잘못되었네요."

갑작스러운 루이의 돌발 질문에 회의장 안이 술렁이기 시작했다. 자리에 있던 기자들은 빠르게 키보드를 치기 시작했다.

'루이! 다시 과학자로 돌아가다.'
'루이의 거침없는 반론이 다시 시작되다.'

인터넷 신문에는 루이의 발언에 대하여 다루기 시작했다. 리더는 당황하여 잠시 주춤하다가 다시 마이크를 잡았다.

"그럴 리가 없습니다. 루이 씨! 괜한 생사람 잡지 말아요! 그동안 과학계를 떠나 연예계에 있더니 쓸데없는 반론만 하시는군요!"

"뭐라고요? 잘못된 원자 모형을 들고 와서 발표를 하다니! 당신이야말로 쓸데없는 주장만 하시는군요!"

"뭐? 이 사람이 정말…… 당신을 고소하겠어!"

"나야말로 과학계의 이름을 걸고 당신의 억지 주장을 물리법정에 고소하겠어!"

루이와 리더는 팽팽한 신경전을 벌인 끝에 물리법정에 회부되었다.

전자는 원자핵 주위의 궤도를 이동하면서
빛을 방출하게 됩니다.

여기는 **물리법정**

전자는 원자핵 주위를 빙글빙글
돌다가 못 움직이게 될까요?
물리법정에서 알아봅시다.

 재판을 시작합니다. 리더 씨 측 변론해 주
십시오.

 전자가 조그만 원자핵 주위를 빙글빙글 도
는 힘은 전기력이라는 힘 때문입니다. 전자는 음의 전기를, 원
자핵은 양의 전기를 각각 띠고 있어 서로 간에 인력이 작용합
니다. 이는 마치 달과 지구 사이에 만유인력이 작용해 달이 지
구 주위를 빙글빙글 도는 원리와 같습니다. 그러므로 리더 씨
의 원자 모형은 아무 문제가 없습니다.

 루이 씨 측 변론을 들어보겠습니다.

 원자 모형 연구소의 보아르 박사를 증인으로 요청합니다.

 증인 요청을 받아들이겠습니다.

얼굴이 유난히 길고 큰 40대의 남자가 증인석으로
들어왔다.

 우선 원자의 모습에 대해 얘기를 좀 해 주십시오.

 원자는 양의 전기를 띤 원자핵이 중심에 있습니다. 이 부분은 전체 원자 지름의 만 분의 일에서 십만 분의 일 정도로 아주 작습니다. 그 주위에 원자핵에 비해 아주 가벼운 음의 전기를 띤 전자가 있습니다.

 전자가 빙글빙글 돌면 무슨 문제가 있습니까?

 전자는 전기를 띠고 있습니다. 전기를 띤 물체가 움직이면 그 물체로부터 빛이 나옵니다.

 그럼 빛이 나오면서 에너지가 줄어듭니까?

 물론입니다. 빛도 에너지를 가지니까 빛이 방출되면 빛이 가진 에너지만큼 전자의 에너지가 줄어듭니다.

 그럼 정말 전자는 에너지가 점점 줄어들어 비실비실대다가 결국 원자핵에 달라붙어 버리겠군요.

 리더의 원자 모형대로라면 그렇습니다. 하지만 그 모델은 틀린 모형입니다.

 그럼 어떤 게 맞는 모형입니까?

 전자는 원자핵 주위에 아무 곳에나 있을 수 있는 게 아니라 기찻길을 달리는 기차처럼 원자핵 주위에서 일정 거리 떨어진 궤도에서만 돌 수 있습니다. 즉 원자핵 주위에 거리가 다른 동그란 기찻길이 여러 개 있는 것입니다.

 그래도 이상합니다.

 뭐가요?

 바이킹에 앉은 위치에 따라 속력이 달라질 수 있을까요? 보통의 경우 뒤에 앉는 것이 앞에 앉는 것보다 속력이 빠르다고 생각하고 있기 때문에 무섭다고 판단을 하는 것 같습니다만…….

전자가 돌면서 빛이 방출되는 순간 전자는 원자핵에 더 가까운 궤도로 순간 이동을 합니다. 그런데 전자가 도는 기찻길은 다른 에너지를 가지고 있습니다. 원자핵에서 가까운 궤도를 돌 때 전자는 가장 작은 에너지를 갖습니다.

그럼 전자가 바깥 궤도에 있다가 안쪽 궤도로 오면서 그 에너지 차이에 해당되는 에너지를 가진 빛을 방출하는군요.

그렇습니다.

그럼 해결된 것 같습니다. 그런데 가장 안쪽 궤도를 돌 때는 어떻게 되나요? 그 궤도를 돌면서 빛이 방출되면 어느 궤도로 갑니까?

가장 안쪽 궤도를 전자가 돌 때는 빛을 방출하지 않는다고 알려져 있습니다.

그럼 모든 게 해결이 되었군요.

그런 거 같습니다. 전자가 원자핵 주위를 달처럼 운동하는 게 아니라 여러 개의 기찻길(궤도)을 왔다갔다하면서 바쁘게 움직입니다. 이로 인해 리더의 원자 모형의 문제점을 해결할 수 있습니다. 이상으로 재판을 마치도록 하겠습니다.

재판이 끝난 후, 리더는 원자 모형을 기찻길 모형으로 수정·보완
하여 옳은 원자 모형으로 인정받았으며 이 덕분에 원형궤도를 달리
는 장난감 기차는 다른 해 보다 더 많이 팔리게 되었다.

궤도

보어의 원자 모형에서 기찻길에 비유한 것은 원자핵 주위에 전자가 있을 수 있는 궤도이다.
전자는 원자핵으로부터 일정거리에 있는 궤도에만 있을 수 있으며, 원자핵에서 가까운 궤도부터
차례로 k, ℓ, m, …… 궤도로 불린다.

기체 다음의 상태는 뭐죠?

물질의 상태는 몇 가지로 나눌 수 있을까요?

코니는 친구 린지와 함께 하굣길에 소프트 아이 스크림을 먹으며 걸어오고 있었다.

"코니야! 이번 수행 평가 어떻게 할 거야?"

"몰라…… 과학관 보고서? 가기는 가야겠지. 하지만 이번 주 말에는 텔레비전에서 내가 보고 싶은 영화하는데…… 그럼 언제 가지?"

아이스크림을 한 입 베어 물며 한숨을 내쉬었다. 린지는 코니의 눈치를 살피며 말했다.

"내가 녹화해 놓을 게. 이번 주말에 갔다 오자! 응?"

"정말 가기 싫은데…… 그냥."

린지는 재빠르게 코니의 말을 자르며 말했다.

"과학관 옆에 버거랜드라는 햄버거 가게가 있는데 진짜 맛있데."

"우와~ 햄버거? 너무 맛있겠다."

"갈 거지?"

"그래! 흐흐흐~!"

과학관에 가기로 한 날. 린지는 코니의 집으로 갔다.

'딩동!'

"코니야! 과학관 가자!"

코니의 엄마가 문을 열어주었다.

"어머~ 린지구나? 점점 예뻐지네. 이제 숙녀 티가 나는 걸? 호호호~ 코니는 이제 막 일어나서 씻고 있어. 아무리 깨워도 안 일어나서…… 들어와서 기다리렴."

린지는 거실에 앉아 코니를 기다렸다. 코니의 엄마는 우유와 먹음직스럽게 구워진 초코칩 쿠키와 마들렌을 내어 왔다.

"린지야! 이거 좀 먹어보렴. 아줌마가 직접 만들었단다."

"우와~ 정말 맛있겠어요."

쿠키를 한 입 베어 물었다. 달콤한 맛과 바삭한 맛이 오묘하게 조화를 이루었다.

"코니는 좋겠어요. 이런 맛있는 쿠키를 매일 먹을 수 있고."

"그런데 그 덕분에 우리 코니가 살이 좀 쪘지?"

"네? 하하하~!"

코니는 머리를 말리며 나왔다.

"뭐야? 내 욕했지?"

"왜? 뭐 찔리는 거 있어? 킥킥!!"

"어서 갔다 와. 린지 아까부터 기다리고 있었어. 수행 평가 잘하고 맛있는 것도 사 먹어!"

코니의 엄마는 용돈을 주셨다. 코니와 린지는 가벼운 발걸음으로 과학관으로 향했다.

"린지야! 우리 버거랜드 먼저 갈까?"

"어휴~! 일단 수행 평가 먼저 해야지!"

"배고픈데……."

"밥도 먹었다며?"

"밥 배 따로 있고, 군것질 배 따로 있는 거야! 흐흐흐~!"

"못 말린다! 어휴~!"

과학관에 도착하여 먼저 기념사진을 찍었다. 매표소에는 초등학생은 무료입장이라고 쓰여 있었다.

"우와~ 우리는 무료입장이라네."

"정말? 그럼 햄버거 하나 더 먹어야지."

"어이구~!"

코니는 빠른 걸음으로 과학관으로 들어갔다. 주말을 맞아 린지와 코니처럼 수행 평가를 하러 온 초등학생들이 많았다.

"사람 무지 많다. 제대로 보지도 못 하겠어."

그때였다. 스피커에서 방송이 흘러나왔다.

"오늘은 유명한 과학자 레이 박사님의 특강이 있습니다. 초등학생 어린이들은 제3전시실로 오시면 재미있는 과학에 대하여 알려드리겠습니다. 많은 참여 바랍니다."

린지는 코니의 손을 잡고 사람들 틈을 요리조리 피하면서 제3전시실로 향했다. 이미 자리는 거의 다 차 있었다.

"다리 아파!"

코니는 투덜거리기 시작했다. 린지는 못 들은 채 무시하기로 했다.

"여러분! 레이 박사님입니다. 박수로 환영해 주세요."

'짝짝짝!'

하얀 실험 가운을 입고 머리가 희끗한 박사가 등장했다.

"어린이 여러분! 안녕~ 난 레이라고 해요. 여러분에게 과학을 재미있게 알려주려고 왔어요. 자. 여기 얼음이 있네요. 여러분 얼음은 무슨 상태일까요?"

린지는 손을 번쩍 들어올렸다.

"오~ 저기 예쁘장한 숙녀! 말 해봐요."

"고체 상태입니다."

"얼굴만 예쁜 게 아니라 똑똑하기까지 하군요. 하하하~!"

린지의 볼은 금세 빨갛게 달아올랐다. 코니는 영 관심이 없었다. 코니의 머릿속에는 과학관 옆에 있는 버거랜드 뿐이었다.

"그럼 이번에는 여기 투명한 통에 들어있는 물은 무슨 상태일까요?"

린지는 큰 소리로 대답했다.

"액체 상태입니다."

"허허허! 똘똘한 학생이군. 내가 우리 꼬마 숙녀에게 선물을 주겠어요. 자!"

레이 박사는 린지에게 봉투를 건네주었다.

"문화 상품권이에요. 좋은 책들 많이 읽고 훌륭한 사람으로 자라길 바랍니다. 하하하~!"

"감사합니다."

레이박사는 린지와 악수를 나누었다. 자리에 있던 어린이들과 학부모들은 린지를 부러운 눈길로 바라보았다.

"자! 그렇다면 액체 다음에는 무슨 상태일까요? 물이 팔팔 끓으면?"

"기체!"

이번에는 전시실 안에 있는 어린이들이 모두 함께 대답을 했다.

"하하하~! 우리 어린이들! 모두 다 정말 똘똘하군요. 맞았어요. 기체 상태죠? 즉 물질은 이렇게 고체, 액체, 기체 세 가지 상태로 말할 수 있습니다. 즉 기체 상태가 되면 아무리 온도를 올려도 더 이상은 변하지 않는다는 것이에요. 알겠죠?"

"네!"

그런데 그 순간 어떤 젊은 남자가 손을 들었다.

"저기 레이 박사님!"

"질문 있나?"

"그건 아니라고 생각합니다."

"뭐라고? 그게 무슨 말인가?"

"저도 물리학자입니다. 그런데 온도가 올라가도 기체 상태에서 변하지 않는다는 박사님의 말은 잘못된 것 같습니다."

전시실 안은 술렁이기 시작했다. 청년은 앞으로 나가 레이 박사에게 다가갔다.

"온도가 올라가면 전자들이 도망을 칠 것입니다. 그럼 기체 상태에서 또 변하겠죠?"

"뭐라고? 이보게. 그건 말도 안 되는 거야. 기체 상태에서는 온도가 올라간다고 전자들이 도망가지 않아! 다른 상태로 변하는 일은 없다는 것이지."

"박사님의 말은 옳지 않습니다. 어린이들이 이렇게 잘못 알게 할 수는 없습니다."

"자네 지금 무슨 소리야? 자네야 말로 아이들을 헷갈리게 하지 말게!"

두 사람은 어느새 말다툼을 하기 시작했다. 전시실의 어린이와 학부모들은 하나둘씩 자리를 떠나갔다. 결국 레이 박사의 신나는 과학 특강은 엉망이 되고 말았다. 이에 화가 난 레이 박사는 청년 물리학자를 물리법정에 고소하기로 했다.

플라즈마는 전자들이 에너지를 얻어 원자핵으로부터
탈출하면서 생기는 이온화 상태입니다.

기체보다 에너지가
큰 상태가 있을까요?

물리법정에서 알아봅시다.

 재판을 시작합니다. 먼저 원고 측 변론해 주
십시오.

 물질이 고체, 액체, 기체의 세 가지 상태로
되어 있다는 것은 어린 아이들도 이미 아는 사실입니다. 예를
들어 물을 생각하면 고체인 얼음과 액체인 물 그리고 기체인
수증기의 세 가지 상태가 있습니다. 얼음에 열을 가하면 에너
지를 받아 물이 되고 물에 열을 가하면 에너지를 받아 기체 상
태의 수증기가 되지만 기체인 수증기는 아무리 열을 가해도 여
전히 기체 상태로 남아있다는 것은 누구나 다 아는 사실입니
다. 그러므로 레이 박사의 주장이 옳다는 게 저의 생각입니다.

 그럼 피고 측 변론을 들어보겠습니다.

 플라즈마 연구소의 도망가 박사를 증인으로 요청합니다.

 증인 요청을 받아들이겠습니다.

　　노란색 정장을 말쑥하게 차려 입은 30대의 여자가
증인석에 앉았다.

 증인은 어떤 일을 하고 있습니까?

 저는 플라즈마 연구를 하고 있습니다.

 플라즈마가 무엇입니까?

 우선 원자는 원자핵 주위에 반지름이 다른 여러 개의 궤도를 가지고 있고, 전자는 그 궤도에서만 움직일 수 있습니다.

 그건 알고 있습니다.

 이때 각 궤도는 서로 다른 에너지 상태를 나타냅니다. 즉 전자가 큰 에너지를 가지고 있을 때는 원자핵으로부터 먼 궤도에 있고 작은 에너지를 가지고 있을 때는 원자핵에 가까운 궤도에 있지요. 바로 이 궤도 모형에서 기체 이후의 새로운 상태인 플라즈마 상태가 나오게 됩니다.

 좀 더 쉽게 설명해 주시겠습니까?

 전자가 얻는 에너지가 너무너무 커지면 전자는 원자핵으로부터 아주 멀리 떨어진 궤도에 있게 되므로 원자핵이 잡아당기는 힘이 약해져 자유로워지게 됩니다. 그럼 물질은 원자핵들만 덩그러니 있는 상태가 되겠죠. 이 상태를 플라즈마 상태라고 부릅니다.

 어떻게 해야 그렇게 큰 에너지를 얻게 됩니까?

 아주 많은 열을 공급하면 됩니다. 열은 에너지이므로 아주 큰 열이 공급되어 온도가 10000℃ 정도까지 올라가면 원자핵과 전자가 분리되는 플라즈마 상태가 만들어집니다. 예를 들면

태양 속 수소가 바로 이런 상태입니다.

 플라즈마는 어디에 이용됩니까?

 플라즈마는 전자들이 에너지를 얻어 원자핵으로부터 탈출하면 생기는 이온화 상태입니다. 전자가 사라졌으니 양의 전기를 띤 원자핵만이 덩그러니 남은 이온 상태입니다. 최근에는 네온사인이나 텔레비전 중에서 PDP라는 방식의 텔레비전에 플라즈마 상태가 이용됩니다.

 이제 이해가 갑니다. 그렇다면 플라즈마 상태는 정상적인 기체 상태로 볼 수 없으므로 물질의 상태는 고체, 액체, 기체, 플라즈마의 네 상태가 있는 것으로 하는 게 좋겠습니다. 이상으로 재판을 마치도록 하겠습니다.

　재판이 끝난 후, 초등과학 연구회에서는 물질의 상태를 고체, 액체, 기체로 할 것인가, 여기에 플라즈마 상태를 추가할 것인가에 대해 논의 하다가 초등학생은 플라즈마 상태를 이해하기 어려우므로 초등학교 교과서에서는 물질을 세 가지 상태로만 기술하기로 결정했다.

 원자핵

원자는 원자핵과 전자로 이루어져 있는데 원자핵의 크기는 원자에 따라 다르지만 보통 원자의 크기의 만 분의 일에서 십만 분의 일정도로 작은 크기이다. 원자핵에는 양의 전기를 띠는 양성자와 전기를 띠지 않은 중성자가 있다.

키르히호프의 법칙

1814년에 독일의 프라운호퍼는 가열된 나트륨에서 나온 빛을 프리즘에 통과시켰습니다. 놀랍게도 나트륨에서 나온 빛은 노란 선 스펙트럼이었습니다. 그는 이 선을 나트륨 D선이라고 불렀습니다.

1858년 나트륨 D선을 연구하던 독일의 키르히호프는 나트륨을 지나간 흰 빛의 스펙트럼에서 검은 선(암선)을 발견했습니다. 그 검은 선의 위치는 바로 D선의 위치였습니다. 그는 나트륨이 모든 빛 중에서 노란빛을 흡수하는 성질이 있으며 이것이 가열되면 나트륨이 흡수했던 노란빛을 도로 방출한다는 사실을 알게 된 것입니다. 이렇게 어떤 원소들은 자신이 흡수한 빛을 가열되었을 때 다시 방출한다는 사실을 알아냈는데 이것을 키르히호프의 빛의 흡수와 방출에 관한 법칙이라고 부릅니다.

따라서 물질의 스펙트럼을 조사하면 그 물질 속에 어떤 원소들이 들어 있는지 알 수 있는데 이렇게 물질의 스펙트럼을 조사하는 것을 분광학이라 하고 이런 장치를 분광기라고 부릅니다.

열복사

태양과 지구사이에는 아무 물질도 없는데 우리는 왜 태양 빛을 받으면 따뜻해질까요? 그것은 태양의 열이 우리에게 전해졌기 때문입니다. 이렇게 물질을 통하지 않고 열이 전달되는 것을 열복사라고 합니다.

열복사는 다른 곳에서도 볼 수 있습니다. 전기 히터를 켜면 우리

는 전기 히터에서 나오는 빛과 함께 열기를 느끼게 됩니다. 이것은
가열된 전기 히터의 복사 때문입니다. 가열된 물체에서 나오는 빛
과 열을 합쳐 열복사선 또는 복사선이라고 부르는데 복사선은 가열
된 물체의 온도에 따라 달라집니다.

1879년 오스트리아의 볼츠만과 슈테판은 가열된 물체에서 나오
는 복사 에너지가 물체 온도의 네 제곱에 비례한다는 사실을 알아
냈습니다. 그리고 1886년에는 미국의 랭글리가 복사선의 강도를
잴 수 있는 볼로미터(bolometer)를 발명했습니다.

과학성적 끌어올리기

1893년 베를린 대학의 빌헬름 빈은 가열된 물체에서 나오는 복사의 강도가 최대에 도달할 때 복사선의 파장과 온도의 곱이 일정하다는 사실을 알아냈습니다. 즉 가열된 물체가 뜨거울수록 복사선의 파장이 짧아진다는 것을 말합니다.

가열된 물체에서 나오는 복사선은 빛입니다. 빛은 우리 눈에 보이는 가시광선도 있지만 눈에 보이지 않는 적외선이나 자외선도 있습니다. 빛은 파장이 아주 긴 적외선부터 파장이 점점 짧아지면 빨강, 노랑, 파랑, 보라색의 빛으로 변하다가 파장이 아주 짧아지면 눈에 보이지 않는 자외선이 됩니다. 일반적으로 파장이 짧을수록 에너지가 큰 데 가열된 물체의 온도가 높으면 에너지가 크기 때문에 그 물체에서 나오는 복사선도 에너지가 큰(파장이 짧은) 빛을 방출하게 되는 것입니다. 파동은 파장이 짧을수록 진동수가 큽니다. 그러니까 파장과 진동수는 반비례합니다. 우리는 이제 파장과 진동수를 함께 사용하여 이야기 할 것입니다.

좀 더 자세히 살펴보면 물체의 온도가 100℃ 정도에 다다르면 물체는 파장이 긴 적외선을 방출합니다. 적외선은 눈에 보이지 않지만 우리 몸에 흡수되어 따뜻한 느낌을 줍니다. 물체의 온도가 600℃에 이르면 빨간 빛이 나오고 2000℃ 정도에 이르면 빨강에 서 보라까지의 모든 가시광선이 나옵니다. 이때 열복사선은 이 빛 들이 모두 섞인 흰 빛이 됩니다. 온도가 더 올라가 4000℃에 이르 게 되면 파장이 너무 짧아 눈으로 볼 수 없는 자외선이 나옵니다. 이렇게 가열된 물체의 온도에 따라 물체로부터 여러 가지 복사선 이 나옵니다.

검은 물체

1894년 빈은 물체가 검다는 것은 물체가 모든 색의 빛을 흡수하 기 때문이라 생각했습니다. 그리고 그는 완벽하게 검은 색을 띠는 물체는 모든 빛을 흡수하므로 이것을 가열하면 모든 색의 빛을 방 출하게 될 것이라고 생각했습니다.

그는 내부가 비어있는 물체의 벽에 작은 구멍을 뚫고 벽면을 거 울처럼 반사가 많이 일어나게 하였습니다. 이제 빛은 벽을 통해 들어가지 못하고 조그만 구멍을 통해서만 들어갈 수 있고 구멍을 통해 들어간 빛은 밖으로 나올 수 없습니다. 따라서 이 물체는 완벽하게 모든 빛을 흡수하는 검은 물체인 것입니다. 빈은 이 물체를 태워 나온 빛은 모든 색의 빛을 방출할 것이라고 생각했습니다. 빈의 예상은 옳았습니다. 검은 물체를 태워서 나온 빛의 스펙트럼은 빨강에서 보라까지의 연속 스펙트럼이었습니다.

빈은 여기서 멈추지 않고 가열된 검은 물체에서 나온 빛의 스펙트럼에서 빛의 파장과 빛의 강도 사이의 관계를 조사했습니다. 그는 빛의 강도와 파장과의 관계를 나타내는 그래프를 얻었습니다.

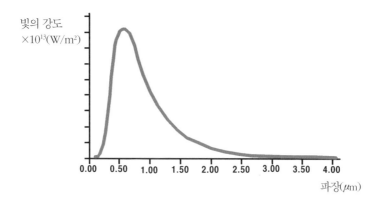

빈은 이 그래프를 분석하여 빛의 강도와 파장 사이의 어떤 함수 관계를 찾으려고 했습니다. 그는 가열된 검은 물체 속에는 모든 파

장의 빛 알갱이가 각 방향으로 심하게 운동한다고 가정하여 빛의 강도와 파장에 관한 공식을 얻었습니다. 그런데 빈의 공식은 짧은 파장인 파란빛에 대해서는 실험 결과와 잘 맞았지만 긴 파장의 빛인 빨강 빛에 대해서는 잘 맞지 않았습니다.

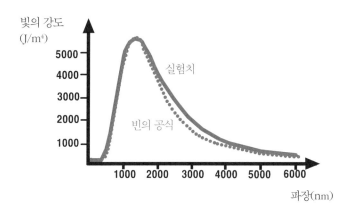

한편 영국의 레일리와 진스는 검은 물체 속의 빛은 진동하는 빛 알갱이의 모임이라고 생각했습니다. 따라서 검은 물체 속에서 진동하는 빛 알갱이들은 양쪽 경계를 갖고 진동하므로 각각의 파장에 대한 파의 숫자를 정확하게 헤아릴 수 있을 것이라 생각했습니다. 가령 길이가 10인 곳에 파장이 10인 파는 1개, 파장이 5인 파는 2개, 파장이 2.5인 파는 4개가 만들어집니다.

이렇게 검은 상자 속의 모든 파장에 대응되는 파의 개수를 헤아릴 수 있습니다. 이러한 논리에 의하면 짧은 파장을 갖는 파동의 개수는 긴 파장을 갖는 파동의 개수보다 많아집니다. 레일리와 진스는 파장이 길든 짧든 하나의 파동은 똑같은 에너지를 갖고 있다고 간주하고 모든 파장의 빛들에 대해 빛의 강도를 계산해 보았습니다. 하지만 레일리와 진스의 공식은 파장이 긴 빨강 빛에 대해서는 잘 맞지만 파장이 짧은 파란빛에 대해서는 실험 결과와 전혀 맞지 않았습니다.

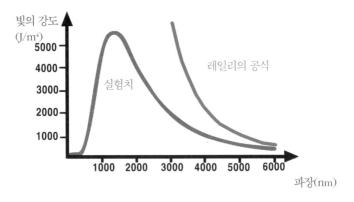

특히 레일리와 진스의 공식이 파장이 짧은 곳에서 잘 맞지 않는 것은 쉽게 알 수 있습니다. 그들은 검은 물체 속에 파장이 짧은 빛일수록 무한히 들어갈 수 있다고 생각했습니다. 그렇다면 파장이 0

인 빛은 무한 개가 들어 갈 수 있으므로 검은 물체의 복사에서 파장이 0인 빛의 강도는 무한대가 되는 문제를 지니고 있었습니다.

물리학자들은 모든 파장에 대해 실험 그래프와 잘 맞는 공식을 찾으려고 했습니다. 그리고 그것은 독일의 막스 플랑크에 의해 이루어집니다.

플랑크의 양자론

플랑크는 검은 물체의 복사(흑체복사)에 대한 자신의 공식을 1900년 12월 14일 독일 물리학회에서 발표했습니다. 하지만 참석한 많은 물리학자들은 공식을 믿으려고 하지 않았습니다.

학회가 끝난 후 플랑크는 공식을 자세히 들여다보았습니다. 처음 그는 고전물리학에 의해 공식을 설명해 보려고 했지만 분모에 넣은 -1 때문에 실패로 돌아갔습니다. 그리고 그는 분모에 -1이 있기 위해서는 고전물리학을 깨는 다음과 같은 새로운 가정이 필요하다는 것을 깨달았습니다.

진동수가 f인 빛이 가질 수 있는 에너지는 h를 어떤 상수라 할 때 hf의 정수 배만 허용된다.

이때 h는 플랑크 상수 또는 양자 상수라 부르고 그 값은 6.6×10^{-34} (J/s)입니다. 이 가설에 의하면 진동수가 f인 빛은 헤아릴 수 있습니다. 진동수가 f인 빛이 가질 수 있는 에너지는 다음과 같습니다.

hf, $2hf$, $3hf$, $4hf$, $\cdots$

이 가설은 혁명을 몰고 왔습니다. 고전물리학의 관점에서 에너지가 이처럼 띄엄띄엄 떨어진 불연속한 값을 갖는다는 것을 상상할 수 없기 때문입니다. 이때 진동수 f인 빛이 가질 수 있는 가장 작은 에너지 hf를 가진 알갱이를 에너지 양자라 부르며 빛에 대한 에너지 양자는 광자(포톤, photon)라고 부릅니다.

그러니까 진동수 f인 빛이 hf의 에너지를 가지면 진동수가 f인 빛 알갱이 1개, $2hf$의 에너지를 가지면 광자가 2개, $3hf$의 에너지를 가지면 광자가 3개인 셈입니다. 즉 빛은 헤아릴 수 있는 광자들의 모임입니다.

양자에 관한 사건

빛이 입자야, 파동이야?

빛이 입자인지, 파동인지 정확히 구분 할 수 있을까요?

"여러분! 뉴스 속보입니다. 드디어 우리 과학공화 국에도 빛을 내는 전구가 발명되었습니다. 정말 감 격스러운 소식이 아닐 수 없습니다."

텔레비전을 시청하던 사람들은 뉴스 속보에 모두들 기쁜 마음을 감추지 못했다. 그동안 전구가 없어서 밤이 되면 생활을 하기가 너무 불편했다. 해가 질 무렵이 되면 모두들 집으로 돌아가야 했고 행여 밖에 있다가는 촛불을 켜고 다녀야했다. 길에도 촛불들로 어둠을 몰아 내느라 며칠에 한 번씩은 초를 갈아주어야 했다. 그런데 이제 전구가 발명되었으니 밤에도 낮처럼 지낼 수 있게 된 것이다.

"만세!"

과학공화국 국민들은 진심으로 기쁜 마음에 거리를 뛰쳐나와 서로 기쁨을 나누었다.

"이곳은 과학의 광장입니다. 수많은 시민들이 거리로 나와 전구 발명을 축하하고 있습니다. 속보가 나간 이후로 하나둘씩 모인 사람들은 이제는 수천 명에 이릅니다. 서로 얼싸안고 눈물을 흘리는 분들도 눈에 띕니다. 한 분의 시민을 만나 인터뷰를 해보도록 하겠습니다.

"전구가 발명되었다는 소식을 듣고 아주 기쁘셨죠?"

"네! 정말 너무 기쁩니다. 밤에도 책을 마음껏 읽을 수 있고 또 밤늦게까지 친구들을 만날 수도 있고…… 속보를 듣자마자 기쁜 나머지 광장으로 뛰어나왔습니다. 호호호~!"

"네! 여러분들도 모두 광장으로 뛰어나오고 싶은 마음이실 겁니다. 오늘 전구의 발명이 과학공화국의 발전에 아주 큰 힘이 될 것임에 틀림없습니다. 과학의 광장에서 클리더였습니다."

발명된 전구들은 가장 먼저 과학의 광장에 설치되었다. 밤새도록 전구는 빛을 발하였고 국민들은 광장에서 밝은 밤을 지새웠다.

"그런데 이 전구들은 어디서 구입할 수 있는 거지?"

"글쎄. 아직 어디서 구입할 수 있는지는 잘 모르겠는데?"

전구 발명이 보도된 후 며칠이 지났다. 그러나 어디서도 전구는 구할 수가 없었다. 단지 공공시설에만 임의로 설치되어 있어서 집에서 겪는 불편함은 계속되었다. 이로 인해 국민들의 불만이 갈수록 커져갔다.

"정말 큰일입니다. 전구를 발명했다고 보도를 하지 말걸 그랬습니다."

"무슨 소립니까? 어서 빨리 시판을 해야죠! 그것은 국민을 기만하는 행위입니다."

정부에서는 긴급회의가 이루어지고 있었다. 전구의 발명을 두고 두 학회의 논쟁이 끊임없이 일어난 결과 정작 국민들에게 전구를 판매할 수 없게 된 것이다.

"이런 어처구니없는 일이 일어나다니. 이대로 계속 전구 판매를 하지 않는다면 국민들의 분노는 극에 달할 것입니다."

"두 학회 모두 한 발짝도 물러서지 않고 있습니다. 어찌하면 좋을지……."

파동학회와 입자학회는 전구를 두고 팽팽한 논쟁을 벌이고 있었다. 먼저 파동학회의 회장인 피트가 말했다.

"이봐요! 전구는 우리의 파동에 의하여 빛을 내는 것입니다. 그러니까 당연히 전구 판매로 인한 수익은 우리 파동학회에서 받는 것이 옳은 일입니다. 입자학회는 어떠한 권리도 없습니다."

입자학회의 회장인 줄리는 발끈하며 반론을 제기했다.

"피트 씨! 뭘 좀 알고나 그런 소리를 하시는 겁니까? 정말 무식해서…… 어떻게 회장이 된 겁니까? 전구는 당연히 우리 입자로 인해 빛을 내는 것입니다. 그것은 상식입니다. 우길 걸 우겨야지! 말도 안 되는 소리!"

"뭐라고? 무식?"

피트와 줄리는 금방이라도 싸울 태세였다. 학회의 회원들도 서로를 으르렁 거리며 바라보았다.

"빛 사용료 문제를 해결하지 않는 이상 전구는 판매할 수 없습니다."

"일단 판매는 해야 합니다. 이미 국민들은 참을 수 없을 만큼 화가 나 있는 상태입니다."

"쳇! 그러니까 입자학회에서 괜히 딴죽을 걸어 가지고는 괜한 국민들만 피해를 보는 것 아닙니까?"

"이봐요! 피트 씨! 당신 학회에서는 전구에 대해 관여할 권리 없습니다. 그만 좀 우기고 어서 전구나 판매합시다."

두 학회의 대립은 끝날 기미가 보이지 않았다. 국민들 역시 전구의 시판이 늦어질수록 점점 분노하기 시작했다.

"국민 여러분! 지금 파동학회와 입자학회의 대립으로 인해서 우리들은 전구를 사용할 수 없게 되었습니다. 발명을 하면 뭘 합니까? 저렇게 싸우느라 빛을 볼 수 없는 걸! 우리가 이대로 가만히 있다가는 계속 암흑 속에서 생활을 해야 할 지도 모릅니다. 모두들 광장으로 가서 항의의 의지를 보여 줍시다."

드디어 우려했던 일이 현실로 일어나기 시작했다. 수많은 국민들이 과학의 광장으로 모여들었다. 너나 할 것 없이 촛불을 들고 촛불 시위를 시작하였다. 하지만 파동학회와 입자학회는 쏟아지는 비난에도 불구하고 대립을 멈추지 않았다.

"정말 큰일이 아닐 수 없습니다. 몇 주 전까지만 해도 국민들은 전구의 발명 소식에 너나 할 것 없이 기쁨에 도취하여 광장을 찾았습니다. 그러나 파동학회와 입자학회가 이익을 두고 벌어진 대립으로 인해 전구의 판매가 시작조차 되지 못하자 이에 분노한 국민들은 촛불시위를 벌이고 있습니다. 이런 어처구니 없는 일이. 도대체 두 학회는 언제쯤 논쟁을 끝낼 수 있을까요? 그냥 반반씩 나누어 가지면 안 될까요? 아니면 처음부터 전구의 발명 소식을 늦게 발표했더라면 이러한 사태는 막을 수 있지 않았을까요? 참으로 안타까운 일이 아닐 수 없습니다."

각종 언론들은 두 학회의 회의장과 촛불시위 현장으로 카메라를 들고 출동했다.

"촛불시위에 참가하는 대학생에게 인터뷰를 해보도록 하겠습니다. 어떻게 해서 시위에 참가를 하게 되었습니까?"

"저는 고시생입니다. 매일같이 촛불을 켜고 공부를 했는데 전구가 발명되었다는 소식에 누구보다 기뻐했습니다. 이제 밝은 빛 아래서 공부를 할 수 있다는 것에 설레기까지 했습니다. 그런데 이게 뭡니까? 발표만 하고 두 학회가 서로 돈 때문에 다투느라 정작 국민들의 불편한 고충은 외면하고, 이제는 더 이상 참을 수 없습니다.

그래서 시위에 참가하게 되었습니다."

"네, 인터뷰 응해주셔서 감사합니다. 여러분! 과연 이 초유의 사태는 어떻게 해결해야 할까요? 정말 답답합니다. 그럼 여기서 두 학회의 회의장에 나가있는 찰스 기자 나와 주십시오."

찰스 기자는 회의장 앞에 마이크를 들고 섰다.

"예, 찰스 기자입니다. 현재 회의장의 분위기는 정말 후끈 달아오르고 있습니다. 양쪽의 회장들이 서로 얼굴을 붉히며 금방이라도 싸울 기세를 보이고 있습니다. 결론이 나지 않을 것 같은데요. 정말 한숨만 나오는 현장의 모습입니다."

회의장에서는 심하게 다투는 소리가 밖으로 새어 나왔다. 이제 정부에서도 가만히 지켜볼 수 없다는 결론을 내렸다.

"우리 과학공화국 정부에서는 이번 사건을 두 학회가 원만히 해결할 것으로 믿었지만 결국 국민들의 분노를 사게 된 점을 보고 정부가 나서서 중재를 하기로 결정했습니다. 파동학회와 입자학회 모두 물리법정에 고소하겠습니다. 두 학회 모두 법정에 문제를 맡기도록 하고 결과에 승복하도록 하십시오."

결국 파동학회와 입자학회는 전구의 빛 사용료를 두고 물리법정에 서야 했다.

빛은 입자성과 파동성을 동시에 가지고 있습니다.

빛은 입자일까요? 파동일까요?
물리법정에서 알아봅시다.

 재판을 시작하겠습니다. 먼저 파동학회 측
변론을 들어보겠습니다.

 빛이 입자냐 파동이냐 하는 싸움은 아주 오
래 전부터 있어왔고 결국 빛의 간섭 현상은 파동으로는 설명
이 가능하지만 입자로는 설명할 수 없어 빛은 파동이라는 것
이 증명된 걸로 알고 있습니다. 그런데 왜 다시 빛이 입자냐
파동이냐 하는 논란을 지금에 와서 다시 해야 되는지, 그 이유
를 도저히 납득할 수 없습니다. 이 재판은 과거에 이루어졌던
재판 내용과 동일하므로 재판할 가치가 없는 걸로 결정해 주
십시오.

 뭔가 달라졌을지 모르니 재판을 계속 해 봅시다. 입자학회 측
변론해 주십시오.

 빛 전문가인 드브스 박사를 증인으로 요청합니다.

 증인 요청을 받아들이겠습니다.

머리가 역삼각형 모양의 샤프해 보이는 20대 후반의
남자가 증인석에 앉았다.

빛이 파동입니까, 입자입니까?

 어떨 땐 파동이고 어떨 땐 입자입니다.

 엥, 그래도 돼요?

 어떤 경우는 빛이 입자라고 할 때만 설명이 되고 어떤 경우는 빛이 파동이라고 할 때만 설명이 되기 때문입니다.

 어떤 경우가 파동으로만 설명이 되죠?

 하나의 빛이 두 개의 조그만 구멍을 통해 들어갔다가 구멍을 통과한 두 빛이 스크린에 도착하면 두 빛이 합쳐지게 됩니다. 이것을 빛의 간섭이라고 하지요. 이때 두 빛이 합쳐지면서 빛이 더 강해지는 경우를 보강간섭, 두 빛이 합쳐져 약해지는 경우를 소멸간섭이라고 합니다. 이때 보강간섭이 일어난 곳에 밝은 무늬가 만들어지고 소멸간섭이 일어난 곳은 어두운 무늬가 만들어집니다. 그런데 이렇게 두 빛이 만나서 밝고 어두운 무늬를 만드는 현상은 빛을 입자로 해석할 때는 설명이 되지 않습니다. 빛이 파동이라고 할 때만 오로지 설명이 가능합니다.

 그럼 빛이 입자일 때만 설명이 가능한 경우도 있습니까?

 그게 20세기에 발견된 광전 효과와 콤프턴 효과입니다.

 광전 효과가 무엇입니까?

 빛을 금속에 쪼여주면 금속 속의 전자가 튀어나와 전류가 흐르는 현상이 광전 효과입니다. 이것은 빛이 당구공처럼 금속

속의 전자와 충돌하는 걸로 해석해야만 설명이 가능합니다. 빛이 모든 공간에 고루 퍼져 있는 파동으로 해석해서는 전자가 튀어나오는 이유를 설명할 수 없습니다.

 그럼 콤프턴 효과는 무엇입니까?

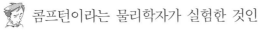 콤프턴이라는 물리학자가 실험한 것인데 빛을 전자에 쏘여주면 마치 정지해 있는 당구공을 때릴 때처럼 충돌 후 두 당구공이 서로 수직이 되게 움직인다는 것입니다. 즉 빛을 전자에 때리면 충돌 후 빛과 전자가 수직 방향으로 움직인다는 것입니다. 이건 빛이 완전히 당구

음파의 간섭

모든 파동은 두 개 이상의 파동이 만날 때 간섭을 일으키므로 음파도 간섭을 일으킨다. 그러므로 극장에서 여러 스피커에서 울려 나오는 소리가 간섭을 일으켜 더 크게 들릴 때도 있고 더 작게 들릴 때도 있다.

공 같은 입자라는 뜻입니다. 그러므로 빛은 입자의 성질과 파동의 성질을 둘 다 가진다고 결론을 내려야 합니다.

 이해가 갑니다. 그렇죠? 판사님.

 판결합니다. 정말 현명한 선택이라고 생각합니다. 앞으로 빛이 입자냐 파동이냐로 다시는 재판에서 거론되지 않았으면 합니다. 빛은 이중성을 띠니까 말입니다. 이상으로 재판을 마치도록 하겠습니다.

재판이 끝난 후, 모든 학회에서 빛이 입자냐 파동이냐를 놓고 싸우는 일은 없어졌다. 대신 빛이 입자와 파동의 이중성을 가진다는

것이 알려지면서 《빛! 지킬과 하이드》라는 과학 소설이 베스트셀러
에 올랐다.

야구공이 간섭을 일으키나요?

야구공이 입자와 파동의 성질을 동시에 가질까요?

드브스 박사의 변론은 사람들 사이에서 큰 화제를 불러 모았다.

"빛이 이중성을 가진데."

"그럴 리가?"

"유명한 드브스 박사의 주장이니까 맞을 거야."

"그래도 왠지 찜찜해."

이렇게 사람들은 모이기만 하면 드브스 박사의 이중성에 대해 열띤 토론을 벌였다. 그러던 어느 날 드브스 박사가 새로운 발표를 한다고 하여 많은 기자들이 드브스 박사의 집으로 몰려들었다. 기자들이 서로 앞자리를 차지하려고 다투는 사이 드브스 박사가 대문을 열고 집 앞에 설치된 기자 회견장에 앉았다.

"지금부터 제가 주장하는 것은 너무도 쇼킹한 일이라 정말 사람들이 저를 미치광이 취급하지 않을까 두렵습니다."

〈과학일보〉의 김 기자입니다. 어떤 내용이죠?"

사람들은 모두 김 기자를 쳐다보았다. 드브스 박사의 말을 중간에서 끊었기 때문이었다. 잠시 후 다시 드브스 박사의 말이 이어졌다.

"저는 전에 빛이 파동과 입자의 성질을 모두 가진다고 했습니다."

〈과학일보〉의 김 기자입니다. 그건 누구나 알고 있는데요."

김 기자의 말이 끝나자 다른 기자들이 안 좋은 표정으로 김 기자를 노려보았다. 그리곤 다시 드브스 박사의 말이 이어졌다. 드브스 박사도 조금 언짢은 표정이었다.

"빛뿐만이 아니라 이 세상 모든 물체가 이중성을 가집니다. 즉 야구공도 사람도 자동차도 입자의 성질뿐 아니라 파동의 성질을 가진다는 것이지요."

"그럼 야구공도 간섭을 일으키나요?"

김 기자가 다시 물었다.

"물론이에요. 다만 우리는 야구공 두 개가 간섭을 일으키는 무늬를 볼 수 없는 것뿐이지요."

"말도 안 되는 궤변이에요. 박사님은 지금 국민들을 대상으로 사기를 치고 있는 거예요."

　김 기자는 목에 핏대를 세우고 드브스 박사를 공격했다. 결국 드
브스 박사는 김 기자 때문에 제대로 기자 회견을 마치지 못했다. 그
리고 박사는 김 기자를 기자 회견 방해죄로 물리법정에 고소했다.

모든 물체가 입자와 파동을 동시에 가지는 이중성이 있습니다.

여기는 **물리법정**

야구공과 같은 물체가 입자와
파동의 성질을 모두 가질까요?
물리법정에서 알아봅시다.

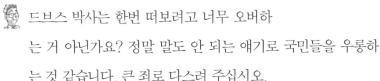

재판을 시작하겠습니다. 먼저 김 기자 측
변론을 들어보겠습니다.

드브스 박사는 한번 떠보려고 너무 오버하
는 거 아닌가요? 정말 말도 안 되는 얘기로 국민들을 우롱하
는 것 같습니다. 큰 죄로 다스려 주십시오.

그건 내가 판단할 일입니다. 그럼 드브스 박사 측 변론해 주십
시오.

이번 재판에도 역시 이중성 전문가인 드브스 박사를 증인으로
요청합니다.

증인 요청을 받아들이겠습니다.

드브스 박사가 다소 불쾌한 표정으로 다시 재판정에
들어섰다.

시간이 없으니까 결론으로 들어가지요. 박사님은 야구공과 같
은 물체가 입자이면서 동시에 파동이라고 주장하시는데 정말
야구공이 흔들거리는 파동처럼 행동합니까?

물론입니다. 모든 물질은 입자이기도 하고 파동이기도 합니다. 야구공도 예외는 아닙니다. 나는 우리가 입자라고 생각하는 물질이 파동의 성질을 가질 때 그 파동을 물질파라고 부릅니다.

 물에다 돌멩이를 던지면 파동이 보이잖아요? 또 줄을 흔들어도 파동이 보이고 그런데 야구공이 파도처럼 출렁대는 건 본 적이 없습니다.

 그건 파장이 너무 작아서 그렇습니다.

 얼마나 작습니까?

 물질파의 파장은 양자 상수를 질량과 속도의 곱으로 나눈 값입니다.

 양자 상수가 무엇입니까?

 무지무지 작은 수입니다.

 좀 더 자세히 설명해 주세요.

 6.6을 10^{34}으로 나눈 수입니다.

 10^{34}은 무엇입니까? 처음 들어보는데요.

 10의 거듭제곱입니다. 100은 1다음에 0이 두 개니까 10^2으로 쓰고 1000은 0이 3개이니까 10^3, 조는 1000000000000이니까 10^{12}이라고 씁니다. 그러니까 10^{34}은 1뒤에 0이 34개가 붙은 수죠. 다음과 같습니다.

10000000000000000000000000000000000

 무지막지하게 크군요.

 이렇게 큰 수로 6.6을 나누니까 양자 상수는 무지무지 작은 수입니다.

 그럼 야구공의 물질파 파장은 얼마 입니까?

 질량 0.15kg인 야구공을 시속 160km로 던졌다고 하면 시속 160km를 m와 초로 바꾸면 초속 44m이므로 야구공의 파장은 공식에 대입하면

$$\frac{1}{100000000000000000000000000000000}\text{m}$$

가 됩니다. 이렇게 작은 파장을 가진 야구공 파동의 출렁거림은 어떤 장치로도 관측이 안 됩니다.

 파장이 어느 정도 되어야 출렁거림이 관측됩니까?

 네, 적어도 X선의 파장 정도인 100억 분의 1m정도는 돼야 관측이 가능합니다.

 그렇다면 선생님의 이론에 대한 증거가 없지 않습니까?

 내 공식을 보면 물질파의 파장은 양자 상수를 질량과 속도로 나눈 거니까 질량이 아주 작은 물체를 생각하면 됩니다.

 질량이 무지무지 작은 입자가 무엇입니까?

 전자입니다. 전자의 질량은 1kg을 10^{30}으로 나눈

$$\frac{1}{100000000000000000000000000000000}\text{kg}$$

입니다.

 정말 가볍군요.

그럼 전자 100000000000000000000000000000개를 모아야 겨우 1kg이 되는 군요. 그럼 전자가 파도처럼 출렁거립니까?

 물론입니다. 전자의 물질파 파장은 100억 분의 1m정도니까 충분히 관측이 가능합니다. 그래서 우리는 전자의 간섭무늬를 관측했습니다. 그러니까 우리가 입자라고 생각했던 전자가 입자와 파동의 이중성을 가진다는 사실을 확인한 것입니다.

 잘 들었습니다. 드브스 박사의 연구 업적을 높이 생각하고 싶습니다. 정말 대단한 연구입니다. '이 세상 모든 물질이 입자이면서 동시에 파동이다'는 정말 환상적인 이론이라 아니 말할 수 없군요. 입이 쫙 벌어집니다. 앞으로 괜한 근거 없이 이런 위대한 업적을 낸 학자의 연구 업적을 무시하는 행위는 엄벌에 처하도록 정부에 권유하겠습니다. 이상으로 재판을 마치도록 하겠습니다.

재판이 끝난 후, 입자와 파동의 경계의 벽이 사라졌다. 그래서 모든 시험에서 〈구, 공, 소리, 빛 중 파동인 것을 모두 고르면?〉과 같은 문제는 사라졌다.

 파장

파동에서 가장 높이 올라간 지점을 마루, 가장 낮아지는 지점을 골이라고 하는데 마루와 마루 사이의 거리 또는 골과 골 사이의 거리를 파장이라고 한다. 파동은 파장이 길수록 에너지가 작다.

위치를 알면 속도도
알 수 있잖아요?

물체의 위치와 속도를 동시에 알 수 없을까요?

사건속으로

하이젠이라는 교수가 최근에 새로운 이론을 발표
했다. 그런데 그의 이론은 너무도 충격적이어서 기
존의 많은 물리학자들이 도저히 이해할 수 없는 내
용이었다. 그의 이론에 따르면 움직이는 물체의 위치와 속도를 동
시에 정확하게 결정할 수 없게 되는데 이 이론이 제기되자 많은 물
리학자들은 하이젠을 사이비 물리학자라고 여겨 물리학회에서 제
명시키고 그의 교수직조차 박탈하기에 이르렀다.

"도대체 내 이론이 뭐가 이상하다는 건가요?"

하이젠 교수는 신문기자와의 인터뷰에서 최근의 불편한 심정을 여과 없이 나타냈다.

"현 물리학 회장인 아인스 박사가 당신의 이론을 쓰레기 같은 이론이라고 부르는데 그 점에 대해 어떻게 생각하나요?"

기자가 물었다.

"아인스 박사는 위대한 물리학자입니다. 하지만 그도 내 이론을 이해하려고 좀 더 노력해야 할 것입니다. 너무 오만해요. 자신이 뭐 신이라도 되나요? 자신도 틀릴 수 있고 다른 사람이 옳을 수 있다는 걸 좀 알았으면 해요."

하이젠 교수가 울먹거리면서 답변했다. 하이젠의 기사는 다음날 아침 신문 1면에 실렸는데 이 글을 읽은 많은 물리학자들이 아인스 교수에게 달려갔다.

"박사님, 하이젠 교수가……"

"하이젠이 뭐? 그는 이제 퇴물이야. 엉터리 사기 과학이나 하고 말이야."

"그게 아니라 박사님을 오만 방자하다고 신문에……"

"뭐라고?"

아인스 박사는 후배 교수가 들고 온 신문을 읽어 내려갔다. 아인스 박사의 표정이 점점 더 상기되기 시작했다.

"내 이 놈을 사기죄로 고소해야겠어. 당장 물리법정에 접수해."

이렇게 되어 하이젠 교수는 법정에 출두되었다.

물체의 속도를 정확하게 알려하면 위치를 정확하게 알 수 없고
위치를 정확하게 알려하면 속도를 정확하게 알 수 없습니다.

불확정성원리는 무엇인가요?
물리법정에서 알아봅시다.

 재판을 시작하겠습니다. 먼저 원고 측 변론해 주십시오.

 아인스 박사는 이 시대 최고의 물리학자입니다. 그런 분이 틀렸다고 하면 틀린 이론입니다. 그런데 뭘 따집니까? 나도 하이젠 교수의 이론을 한번 들은 적이 있는데 말도 안 됩니다. 모든 게 불확실하다는 게 말이 됩니까?

 피고 측 변론을 들어 보겠습니다.

 하이젠 교수를 증인으로 요청합니다.

 증인 요청을 받아들이겠습니다.

갈색 머리에 긴 갈색 콧수염을 기른 40대의 남자가 증인석에 앉았다.

 증인이 불확정성원리를 발표했지요?

 네, 그렇습니다.

 불확정성원리, 그게 도대체 무엇입니까?

 그러니까 물체가 어디에 있는지 또 얼마나 빠른지는 동시에

정확하게 알 수 없다는 것입니다.

물체가 어디 있는지 알면 물체의 속도를 알 수 있지 않나요?

그건 뉴턴의 물리학입니다.

그럼 새로운 물리입니까?

양자역학이라는 새로운 물리입니다. 그 기본 원리가 바로 불확정성원리입니다. 즉 물체의 속도를 정확하게 알려면 위치를 정확하게 알 수 없고 위치를 정확하게 알려면 속도를 정확하게 알 수가 없습니다.

오차가 있다는 건가요?

그렇습니다. 이 오차를 불확정성이라고 합니다. 그러니까 위치 오차를 줄이면 속도 오차가 커지고 반대로 속도 오차를 줄이면 위치 오차가 커집니다.

그렇다면 위치 오차와 속도 오차가 반비례한다는 뜻이군요.

바로 그겁니다. 공식도 반비례의 식으로 나옵니다.

[위치 오차]×[속도 오차] = (양자 상수)÷(질량)

근데 이상하군요. 우리의 일상생활에서는 위치를 알면 속도를 알 수 있잖아요? 그럼 불확정성원리가 틀린 거 아닙니까?

그건 양자 상수가 무지무지 작기 때문입니다. 예를 들어 질량 6.6kg인 물체에 대해 공식의 우변은 양자 상수를 6.6으로 나눈 값이니까

$$\frac{1}{100000000000000000000000000000000}$$ 이 됩니다. 그러

므로 위치 오차와 속도 오차를 다음과 같이 택할 수 있어요.

$$위치 \ 오차 = \frac{1}{10000000000000000}$$

$$속도 \ 오차 = \frac{1}{10000000000000000}$$

오차가 엄청 작군요.

이 정도면 거의 0입니다. 그러므로 야구공, 떨어지는 돌멩이, 태양 주위를 도는 지구 같은 것을 다룰 때는 불확정성원리가 필요 없습니다.

그럼 어디서 필요한 것입니까?

원자라는 조그만 나라에 사는 전자를 보면, 전자는 질량이 무지무지 가볍습니다. 그러므로 위치 오차와 속도 오차의 곱은 0.0001정도가 됩니다.

그래도 두 오차의 곱이 작은데요.

전자가 살고 있는 곳은 아주 조그만 원자 속입니다. 원자는 그 크기가 천만 분의 1mm정도입니다. 그러므로 원자 속 전자의 위치 오차를 1억 분의 1mm로 잡아보면 두 오차의 곱이 0.0001이니까 속도 오차는 10000000이 되어 어마어마하게 커집니다. 즉 위치 오차를 줄여 전자의 위치를 정확하게 알아내려고 하면 전자의 속도 오차가 커져 도대체 전자의 속도가

얼마인지 가늠할 수 없는 상황이 됩니다. 이게 바로 불확정성 원리입니다.

 들어보니 그럴싸한 이론 같습니다. 굳이 이 이론을 사이비 이론이라고 할 근거도 없는 것 같습니다. 그러므로 물리학회는 하이젠 교수에 대한 징계를 풀고 그가 새로운 일을 해낼 수 있게 힘을 써 주시기 바랍니다. 이상으로 재판을 마치도록 하겠습니다.

재판이 끝난 후, 하이젠 교수의 불확정성원리가 실험을 통해 사실인 것으로 판명되어 하이젠 교수의 명성은 하늘을 찌를 듯 높아졌다.

🧑 불확정성원리

불확정성원리는 위치와 속도에 대한 것과 에너지와 시간에 대한 것이 있다. 에너지와 시간에 대한 불확정성원리는 에너지의 오차와 시간의 오차와의 곱이 양자 상수가 된다는 식이다.

양자 나라의 키스 금지

불확정성원리에서 말하는 위치 오차와 속도 오차의 관계는 무엇일까요?

　　하이젠의 불확정성원리가 옳은 이론으로 판명이
난 후, 아이들에게 새로운 원리를 이해시키려는 여
러 가지 시도가 일어났다. 그 첫 번째 시도는 초등
학생을 대상으로 과학 연극 단체가 만든 〈양자나라의 젊은 연인의
사랑〉이라는 연극이었다.

　　이 연극은 만일 우리가 사는 세상에서 불확정성원리가 피부로 느
낄 수 있다면 어떤 쇼킹한 일들이 벌어질까를 예상한 연극이었다.

　　드디어 연극이 개봉되는 날, 불확정성원리에 관심이 많은 사람들
이 연극을 보러가 첫날부터 만원사례를 이루었다.

연극이 시작되고 마지막에 남녀 주인공이 달려가 서로를 끌어안으며 포옹을 하는 장면이 시작되었다. 무대 양 끝에 서서 서로를 향해 전속력으로 달려가던 두 주인공은 갑자기 서로의 1m 앞에서 멈춰서더니 남자가 두건으로 눈을 감싼 채 여자가 어디 있는지는 아랑곳하지 않고 허공에 대고 뽀뽀를 하기 시작했다.

정말 어처구니없는 장면이었다.

"이게 뭐야?"

"마지막 장면이 뭐 이래."

결국 실망한 관객들은 연극의 마지막 장면이 너무 허무하다며 관람료를 환불해 줄 것을 요구했고 공연 팀이 이를 거부하자 관객들이 공연 팀을 물리법정에서 고소하게 되었다.

불확정성원리에 따르면 위치 오차를 크게 하면
속도 오차를 줄일 수 있습니다.

여기는 **물리법정**

남자 연극배우는 왜
허공에 키스를 해야 했나요?
물리법정에서 알아봅시다.

 재판을 시작하겠습니다. 먼저 원고 측 변
론해 주십시오.

 모름지기 남녀 주인공이 나오는 연극은 그
것이 희극이든 비극이든 사랑하는 두 남녀의 키스 장면은 아
름다워야 합니다. 그런데 이번 연극은 말도 안 되는 장면으로
마무리가 되었습니다. 왜 사랑하는 여자를 앞에 두고 눈을 가
리고 허공에 키스를 하는지 정말 이해할 수 없습니다. 이건 연
극이 아니라 사이코드라마입니다.

 마지막 장면에 대한 원고 측의 항의가 정당한지 피고 측 주장
을 들어보겠습니다.

 이번 연극의 희곡을 쓰고 직접 연출한 퀸타 씨를 증인으로 요
청합니다.

 증인 요청을 받아들이겠습니다.

청바지에 흰 면 티를 걸쳐 입은 스포티한 차림의 한 사
내가 증인석에 앉았다.

증인은 이번 연극을 직접 쓰셨죠?

 네.

 그럼 마지막 장면도 본인의 의도대로 연출된 것입니까?

 그렇습니다.

 조금 이상하군요. 높이 떠서 허공에 키스하는 장면이 너무 황당한 거 아닙니까?

 우린 분명 양자 나라라는 가상 현실을 다루고 그 안에서는 사람도 불확정성원리를 따른다고 했습니다. 그 원리에 충실했던 장면 중 하나입니다.

 그게 무슨 말입니까?

 우선 다른 예부터 들어보죠. 양자 나라에서는 고양이 머리를 쓰다듬어 주면 큰일 납니다.

 좀 더 자세히 설명해 주세요.

 머리를 쓰다듬는 것은 털을 만져주려는 건데, 털을 정확하게 만지려하면 위치 오차가 너무 작아집니다. 그러면 속도 오차는 커지고 그 결과 고양이 목에 무지무지 큰 속도가 가해져서 고양이 목뼈가 부러질 수도 있습니다.

 쓰다듬는 속도 오차를 작게 하면 어떻게 됩니까?

속도 오차는 작아지지만 위치 오차는 커지게 됩니다. 그러니까 고양이가 눈 앞에 있는지 수 km 떨어진 곳에 있는지 알 수 없습니다.

 양자 나라에서 또 달라지는 게 있습니까?

 그게 바로 키스 금지입니다.

 무슨 이유입니까?

 키스는 애인 입술에 내 입술을 '정확히' 접촉시키는 거잖아요?

> ### 양자
>
> 고전적인 입자는 연속적인 에너지를 갖는데 비해 광자나 전자는 불연속적인 에너지를 갖는데 이렇게 불연속적인 에너지를 갖는 입자를 모두 양자라고 부른다.

 당근이죠.

 그럼 입술의 위치 오차가 너무 작아지면서 속도 오차는 무지 무지 커지니까 여자의 입술에 아주 큰 힘이 가해질 수도 있어 위험합니다.

 그래서 남자 주인공이 여자를 아껴 눈을 가리고 허공에 키스를 한 거군요.

 네, 맞습니다. 위치의 오차를 크게 하여 속도의 오차를 줄이기 위해서입니다.

 정말 재미있는 연극이군요. 사람들이 불확정성원리를 이해하지 못해서 그렇지 이해만 한다면 아주 특이하고 독특한 연극이 될 것입니다. 나도 재판 끝나고 한번 보러 가야겠어요.

아무튼 연극 내용은 원래 의도했던 과학적 원리에 충실했으므로 관객들의 주장은 아무 근거가 없다고 판결합니다. 이상으로 재판을 마치도록 하겠습니다.

재판이 끝난 후, 이 연극은 과학자들 사이에서 호평을 받아 연장 공연에 들어갔으며 많은 과학 마니아들이 이 연극을 보기 위해 아침부터 줄을 섰다.

양자 탈옥 사건

사람도 불확정성원리의 효과를 직접 느낄 수 있을까요?

사건속으로

"경찰관 아저씨! 이 사기꾼 당장 감옥에 넣어주세요. 박사는 무슨…… 쳇!"

"내 돈 내놔! 난 당신 말만 믿고 3만 달란이나 주고 샀는데, 이 돌팔이 박사!"

'쾅!'

왕양자 박사는 얼마 전 많은 사람들에게 사기를 친 혐의로 감옥에 갇히게 되었다. 그는 한때 양자 물리를 연구하던 천재 물리학자였다. 그런데 잘못된 실험으로 인해 졸지에 재산을 탕진하게 되었고, 그를 후원하던 스폰서들의 연구비 지원은 끊기게 되었다. 결국

생활고에 시달리다 보니 가짜 약장수를 따라다니며 연구비를 벌었
던 것이다.

"여러분! 이 약 한 번 먹어봐! 앉은뱅이는 벌떡 일어나고, 장님은
눈을 번쩍 뜬다는 최고의 명약! 일명 만병통치약! 단돈 5000달란
입니다."

나른한 오후 아파트 단지 안에 약장수의 요란한 목소리가 울려
퍼졌다. 사람들은 호기심에 이내 하나둘씩 모여들었다.

"5000달란? 뭐가 저렇게 비싸?"

"비싸다니요~ 그런 서운한 말씀을요! 제 옆에 있는 사람은 바로
천재 물리학자 왕양자 씨입니다. 여러분들도 다 아시죠? 이 분이
발명하셔서 특허를 낸 약입니다. 당연히 명품약인 만큼 그 값어치
가 좀 나간다는 건 아시겠죠?"

왕 박사는 쭈뼛쭈뼛 약장사 옆에 고개를 숙인 채 서 있었다. 사람
들은 그를 알아보았다. 그는 꽤 유명한 박사였다. 가끔 언론 매체에
나와 자문위원으로서 인터뷰를 한 적도 있었다.

"어머! 저 사람 정말 왕양자 박사 아니야? 근데 얼마 전에 신약
을 잘못 개발해서 망했다던데?"

"그래도 천재 왕박사 실력이야 어디 가겠어? 아무튼 왕 박사가 직
접 파는 거 보면 저 약 정말 만병통치약이란 말이야? 하나만 살까?"

"난 왕양자 박사 믿고 살래! 설마 사기를 치는 거겠어?"

사람들은 그의 명성을 믿고 약장수에게 약을 몇 통씩 사기 시작했다.

"주부 여러분! 오늘은 특별히 왕 박사도 함께 나온 기념으로 두 통을 사시는 분께 한 통을 더 드리는 행사를 하고 있습니다. 현명한 주부님이라면 두 통을 사는 것이 더 효과적이겠죠? 한정 판매니까 어서 구매를 서둘러 주세요. 이 약은 없어서 못 파는 약입니다."

가짜 약장수는 너스레를 떨며 왕 박사의 옆구리를 쿡 찔렀다.

"으흠, 여러분! 저는 왕양자 박사입니다. 이 약은 정말 뛰어난 효능을 지니고 있습니다. 일단 각종 비타민들과 미네랄이 풍부하게 들어있습니다. 그리고 간, 위, 심장, 대장 등 우리 몸에 어느 하나 안 좋은 곳이 없습니다. 즉 만병통치약! 바로 꿈의 약입니다. 여성분들에게는 잦은 두통에도 큰 효과를 보실 수 있습니다. 저 왕양자의 이름을 걸고 만든 약입니다. 믿어보십시오."

"왕 박사! 말 잘하는데?"

약장수는 왕 박사에게 윙크를 했다. 그의 말에 사람들은 모두 100% 신뢰를 보였다. 왕 박사의 수당은 사람들이 약을 사 갈수록 올라갔지만 양심이 타들어가는 것 같아 괴로웠다.

"저, 이제 이 일은 그만 하겠습니다."

"왕 박사! 왜 이래? 이미 우리는 한 배를 탔다고! 이제 와서 발 빼봤자 소용없어. 자네는 연구를 할 수 있는 돈을 버는 거고 나는 사람들에게 약을 파는 거고 그냥 소화제에 불과하기는 하지만 사람들이 명약이라고 믿으면 명약이 되는 거잖아? 플라세보 효과 (placebo effect)라고 하나? 맞나?"

"하지만 양심에 너무 찔려서."

"이제 와서 양심의 가책을 느끼는 건가? 자네, 연구하고 싶다며? 그럼 연구비가 있어야 할 것 아니야? 양심이 밥 먹여 주나? 양심 타령은 그만하고 저녁밥이나 먹으러 가자고! 오늘도 자네 덕분에 돈을 두둑이 벌었다고! 하하하~!"

하지만 얼마 지나지 않아 약으로 인해 불의의 사고가 일어났다. 중병에 걸렸던 한 노인이 그 약에만 의지하다가 병원에도 가지 않고 사망하기에 이른 것이었다. 가짜 약장수는 이를 눈치 채고 멀리 해외로 잠수를 탔다. 덕분에 왕양자 박사는 꼼짝없이 모든 혐의를 덮어쓰게 되었다. 이에 사람들은 또 한 번 왕 박사에게 실망하였고, 왕양자 박사는 교도소에 갇히게 되었다.

교도소 안은 매우 음침하고 차가웠다. 사실 교도소 안보다 그의 마음이 이미 어둠 그 자체로 암울했다.

"저기, 왕 박사 아니세요?"

"네, 왕 씨는 맞지만 이제 박사는 아니죠."

"어쩌다가 당신처럼 유명한 사람이 이런 험한데 들어왔습니까?"

"다 제 잘못이에요. 하지만 난 연구를 해야 하는데…… 여기 있으면 안 되는데…… 나가야 해요."

왕양자 박사는 괴로움에 머리를 감싸 쥐었다. 그러더니 갑자기 벽으로 달려갔다. 세게 부딪혀서 바닥으로 튕겨 나뒹굴었다.

"으윽!"

"이봐요! 지금 뭐하는 겁니까?"

"이 사람이…… 감옥 안에서 자살이라도 하겠다는 거예요?"

하지만 왕 박사는 아랑곳하지 않고, 일어나 다시 벽으로 돌진했다. 그렇게 몇 번을 벽에 충돌을 했다.

"자꾸 이러면 교도관을 부르겠어요!"

"당신 팔이랑 다리에 멍이 들었어요. 교도관!"

같이 있던 죄수들은 그가 자살이라도 할 것 같아 내심 불안했다. 교도관을 부르려 하자 왕양자 박사는 행동을 멈추었다.

"사실, 이건 비밀인데…… 이렇게 자꾸 벽과 충돌하면 벽을 통과할 수 있어요."

"네?"

"당신 미쳤어?"

죄수들은 그를 정신이 이상해졌다고 생각했다. 다음 날, 왕양자 박사는 다시 벽에 몸을 부딪치기 시작했다.

"이봐요! 그만해요! 정말 이러다가 큰일 나겠어요."

사람들은 그를 만류했지만 소용이 없었다. 그러나 신기하게도 생각보다 그는 크게 다치지 않았다. 그렇게 일주일이 흐르자 사람들은 점점 그의 말을 믿기 시작했다.

"정말이에요? 벽을 통과할 수 있다는 말이."

"이봐! 1124번! 당신도 이 왕 박사처럼 미치기라도 하겠다는 거야?"

"그게 아니라."

"관 둬! 한 사람만 미친 거로도 충분하다고!"

그렇게 한 달이 지나갔다. 왕양자 박사는 여전히 벽에 몸을 부딪치고 있었다. 처음에는 그를 미치광이라고 생각했던 죄수들도 결국에는 왕양자 박사를 따라 벽에 몸을 부딪치기에 이르렀다. 하지만 죄수들은 타박상에서 심지어 골절까지 심하게 다쳐서 병원 신세를 지어야만 했다. 그리고 법정에서는 그들이 탈주하기 위하여 그런 행동을 했다고 보고 관련 죄수들의 형량을 늘리기로 했다.

"정신 나간 박사 때문에 입원을 하다니."

"아이고 허리야!"

"팔이 부러졌어. 일주일 후면 출소 예정인데…… 정신 나간 박사 때문에 이게 웬 고생이야. 게다가 1년은 더 감옥에 있어야 한다니."

이에 다친 죄수들은 왕양자 박사를 물리법정에 고소하기로 했다.

불확정성 원리에 의하면 물체의 위치를 정확하게 알 수 없습니다.

여기는 물리법정

벽을 자주 때리면 벽을 통과해
나갈 수 있을까요?
물리법정에서 알아봅시다.

 재판을 시작하겠습니다. 먼저 원고 측 변론을 들어보겠습니다.

 왕양자라는 사람 정말 미친 사람이군요. 미치지 않고서야 어떻게 그런 거짓말을……. 벽과 자주 충돌하면 사람이 벽 바깥으로 나갈 수 있다는 게 말이 됩니까? 무슨 유령도 아니고 말입니다. 저는 왕양자 씨를 정신병동에 감금할 것을 강력 추천합니다.

 피고 측 변론해 주십시오.

 불확정 연구소의 파인 박사를 증인으로 요청합니다.

 증인 요청을 받아들이겠습니다.

파란색 티를 깔끔하게 차려 입은 30대에 머리가 큰
남자가 증인석에 앉았다.

 증인은 불확정성원리의 전문가지요?

 그렇습니다. 우리 연구소는 생활 속의 불확정성원리를 적용시키는 예를 찾고 있습니다.

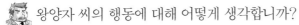

왕양자 씨의 행동에 대해 어떻게 생각합니까?

불확정성원리에 의하면 물체의 위치를 정확하게 알 수 없기 때문에 신기한 일들이 많이 벌어집니다.

예를 들면 어떤 것이 있습니까?

예를 들어 뚜껑이 열린 상자 속에서 공이 양쪽 벽 사이를 왕복하고 있다고 해 봅시다. 이때 벽이 튼튼하다면 공은 벽을 통과하여 밖으로 도망칠 수 없습니다. 물론 공이 갑자기 담을 뛰어넘어 밖으로 나갈 수도 없지요. 하지만 불확정성원리에 의하면 우리는 공의 정확한 위치를 모릅니다. 다만 공이 벽 안에서 왕복 운동을 할 확률이 높다는 것만 알 뿐이지요. 그러므로 이 공은 아주 작은 확률이지만 벽을 통과하여 밖으로 도망칠 수 있습니다. 이것을 양자 터널링 효과라고 부릅니다.

정말 믿어지지 않는 일이군요. 그럼 사람이 벽을 계속 때리면 통과할 가능성도 있다는 얘긴가요?

이론적으로는 그렇지만 양자 상수가 너무 작은 값이기 때문에 그 확률은 거의 0에 가깝습니다.

그렇군요. 그럼 판사님, 판결을 부탁합니다.

판결합니다. 물론 사람도 불확정성원리를 따르지만 질량이 너무 커서 거의 불확정성원리의 효과가 없다고 여겨야 할 것입니다. 그러므로 이런 거시적인 세계에서 양자론을 이용하여 죄수들을 다치게 한 왕양자 씨의 행동은 정상적인 행동에서 벗어났다고 여겨집니다. 따라서 원고 측 요구대로 왕양자 씨를 분리 수감하고 양자론과 현실 세계 사이의 관계에 대해 좀 더 깊이 있게 연구할 시간을 가지게 하도록 하겠습니다. 이상으로 재판을 마치도록 하겠습니다.

재판이 끝난 후, 왕양자 씨는 분리 수감되었고 양자역학을 전공했던 하이젠 목사님이 매일 왕양자 씨를 만나 그에게 올바른 양자 개념을 심어주었다.

플라세보 효과

플라세보(placebo)란 라틴어로 '마음에 들도록 하자' 라는 뜻으로 가짜 약을 뜻한다. 플라세보 효과는 약물작용에 의하지 않은 약물의 치료 효과로 환자가 진짜 약으로 믿어 좋은 반응이 나타나는 심리 효과를 말한다.

불확정성원리와 오차

불확정성원리에 따르면 전자의 위치와 빠르기를 정확하게 알 수 없습니다. 자동차가 초속 10m의 빠르기로 움직이고 있다고 하면 자동차는 1초에 10m를 움직입니다. 그럼 2초 후 자동차의 위치는 원점에서 20m떨어진 곳이 되어 속도를 알면 물체의 위치를 정확하게 알 수 있는 것이 뉴턴의 물리학입니다.

하지만 원자라는 아주 작은 세상에서 사는 전자는 새로운 물리학을 따릅니다. 우리는 전자의 크기도 모르고 전자를 볼 수도 없습니다. 또한 전자가 어떤 길을 따라 움직이는지도 알 수 없습니다. 따라서 우리는 전자의 위치를 정확하게 알 수 없지요. 또한 전자의 빠르기도 모릅니다. 즉 우리는 전자의 위치와 빠르기, 둘 다 모르는 것이죠.

우리가 위치를 정확하게 알 수 없다는 것은 위치에 대한 오차가 있다는 것을 말합니다. 우리는 전자의 위치와 빠르기를 모두 모르니까 전자에 대해서는 위치의 오차와 빠르기의 오차를 생각해주어야 합니다.

오차가 뭘까요?

그것은 바로 정확한 값과의 차이입니다.

어떤 사람을 얼핏 보고 그의 키가 160cm일 것 같다고 했는데 그 사람의 실제 키가 161cm라면 이때 관찰자가 본 키의 오차는 1cm 입니다.

그럼 전자 위치의 오차와 빠르기의 오차 사이의 관계는 어떻게 될까요? 가운데 작은 구멍이 뚫려 있는 나무판을 준비합시다. 그리고 철이에게 비비탄 총을 건네고 미애에게 나무판을 들고 있게 해 보죠. 이제 철이가 미애가 들고 있는 나무판을 향해 비비탄 총을 마구 쏠 거예요. 철이가 쏜 총알들은 구멍을 통과하면서 여러 방향으로 튀겠죠? 철이가 총을 쏘는 곳을 우리가 볼 수 없는 세계라고 하고 구멍을 통해 나온 총알은 우리가 볼 수 있다고 합시다. 미애가 나무판을 움직이지 않고 들고 있으면 작은 구멍은 일정한 위치에 있게 됩니다. 그때 우리는 총알이 어느 위치에서 처음 보이기 시작했는지를 거의 정확하게 알 수 있지요. 그러니까 총알의 위치 오차는 작아집니다. 물론 구멍을 더 작게 하면 할수록 총알의 위치 오차를 더 줄일 수 있습니다.

하지만 구멍이 작아질수록 총알과 구멍과의 충돌은 많이 일어납니다. 이때 충돌은 여러 종류입니다. 총알이 구멍과 충돌하지 않을 수도 있고 구멍에 살짝 스칠 수도 있고 크게 부딪칠 수도 있습니다. 그러므로 우리가 보는 총알의 빠르기는 여러 가지가 됩니다. 즉 빠르기의 오차가 커집니다. 이렇게 위치의 오차를 줄이면 빠르기의 오차가 커집니다.

이번에는 빠르기의 오차를 줄여봅시다. 철이에게 총을 쏘고 미애에게 나무판을 움직여서 총알이 구멍에 부딪치지 않고 통과하게 해보죠. 이번에는 총알들이 구멍과 부딪히지 않으므로 총알의 빠르기는 항상 같은 값입니다. 즉 빠르기의 오차는 아주 작지요. 하지만 이때 총알이 오는 방향으로 구멍을 움직여야 하니까 총알이 구멍을 통과하는 위치는 달라집니다. 즉 총알의 위치 오차는 커지지요. 이렇게 빠르기의 오차를 줄이면 위치의 오차가 커집니다.

뉴턴의 운동 법칙에 따르면 물체의 위치를 알면 물체의 빠르기를 정확하게 알 수 있습니다. 예를 들어 떨어지는 돌멩이를 생각해 봅시다. 돌멩이가 약 5m 가량 떨어지면 그때 돌멩이의 빠르기는 초속 10m 정도가 됩니다. 이렇게 돌멩이의 위치와 빠르기를 정확하게 알 수 있다는 것은 돌멩이의 위치의 오차와 빠르기의 오차를 똑같이 아주 작게 만들 수 있다는 것을 말합니다.

하지만 전자들이 따르는 새로운 물리학은 전자의 위치와 빠르기를 누구도 정확하게 알 수 없다는 아주 신기한 이론입니다. 즉 전자에 대해서는 위치의 오차와 빠르기의 오차를 인정해야 한다는 것입니다.

더군다나 위치의 오차를 줄이려고 하면 빠르기의 오차가 커지고 반대로 빠르기의 오차를 줄이려고 하면 위치의 오차가 커지기 때문에 두 오차를 동시에 작게 만들 수는 없습니다. 이것이 바로 불확정성원리입니다.

왜 떨어지는 돌멩이는 불확정성원리를 따르지 않을까?

뉴턴의 운동 법칙에 따르면 물체의 위치를 알면 물체의 속도를 정확하게 알 수 있습니다. 예를 들어 떨어지는 돌멩이를 생각해 봅시다. 돌멩이가 약 5m떨어지면 그때 돌멩이의 속도는 초속 10m정도가 됩니다. 이렇게 돌멩이의 위치와 속도를 정확하게 알 수 있다는 것은 돌멩이의 위치 오차와 속도 오차를 똑같이 아주 작게 만들 수 있다는 것을 말합니다.

그렇다면 돌멩이는 불확정성원리를 따르지 않는 걸까요? 그렇지는 않습니다. 다만 돌멩이의 질량이 너무 크고 양자 상수가 너무 작아서 위치 오차나 속도 오차를 측정할 수 없는 것입니다.

구체적으로 생각해 봅시다. 돌멩이의 질량을 6.6kg이라고 합시다. 그럼 불확정성원리에 의해 다음 관계식을 얻을 수 있습니다.

(위치 오차)×(속도 오차) = 10^{-34}

두 오차의 곱이 10^{-34}이라는 아주 작은 값이 되었습니다. 이때 우리는 두 오차를 다음과 같이 택할 수 있습니다.

(위치 오차) = 10^{-17}(m)

(속도 오차) = 10^{-17}(m/s)

여러분은 떨어지는 돌멩이에 대해 10^{-17}m라는 너무나 작은 위치 오차를 관측할 수 있습니까? 10^{-17}m는 1m를 10억으로 나눈 길이를 다시 1억 등분했을 때 한 도막의 길이입니다. 이렇게 짧은 길이까지 돌멩이의 위치를 측정한다는 것은 불가능하겠지요? 그러니까 우리는 떨어지는 돌멩이에 대해 위치 오차가 없는 것처럼 취급합니다. 마찬가지로 속도 오차도 없는 것처럼 취급하지요. 그러니까 돌멩이의 위치와 속도를 정확하게 관측할 수 있는 것처럼 다루는데 이것이 바로 뉴턴의 운동 법칙입니다.

양자 나라 이야기

우리가 사는 세상의 사물들은 뉴턴의 물리학을 따르기 때문에 불확정성원리를 느낄 수 없습니다. 하지만 만일 우리가 사는 세상에 불확정성원리가 적용된다고 합시다. 어떤 신기한 일들이 벌어질까요?

상상 속의 그런 나라를 양자 나라라고 부릅시다.

이 나라 사람을 뚫어지게 쳐다보면 이 나라 사람들의 위치의 오차는 작아집니다. 그러면 무엇이 커지죠?

빠르기의 오차가 커집니다. 그러니까 이 나라 사람이 움직이는 빠르기를 전혀 알 수가 없습니다. 즉 이 사람이 뛰어가는 건지 아니면 기어서 가는 건지 아니면 비행기처럼 날아가는 건지 전혀 알 수 없습니다.

양자 나라에서는 벽에 못질을 하면 큰 일이 납니다. 망치로 못질을 한다는 것은 망치로 못 머리를 정확하게 내려치는 작업입니다. 이때 망치를 못 머리를 향해 정확하게 겨냥하면 위치 오차가 너무 작아집니다. 그로 인해 망치의 빠르기 오차는 어마어마하게 커지게 됩니다. 그러면 대포로 벽을 쏠 때처럼 아주 빠르게 벽을 쳐서 벽이 무너질 수도 있습니다.

원자핵에 관한 사전

잠자는 전자도 있나요?

원자핵에는 양성자만이 존재할까요?

　　최근 과학공화국에서는 원자핵 연구가 활발하게
진행되었다. 그래서 방송마다 원자핵 연구를 하는
과학자가 진행하는 토크 프로그램을 만들었는데 가
장 인기 있는 프로그램은 〈로드 박사와 함께하는 핵 여행〉이라는
프로그램이었다.

　　이 프로그램은 같은 시간대의 드라마를 제치고 단연 시청률 1위
를 달리면서 인기 상승 중이었는데 어느 날 로드 박사는 자신이 새
로 밝혀낸 이론을 이 프로그램을 통해 최초로 소개하게 되었다.

　　사회를 맡은 윈프라 양이 로드 박사를 소개했다.

"이 시대 최고의 핵물리학자 로드 박사입니다."

그러자 방청석에서 열화와 같은 박수 소리가 들려왔다. 그리곤 로드 박사의 이야기가 시작되었다.

"저는 오늘 제가 핵에 대해 알아낸 놀라운 사실을 발표하겠어요. 조그만 한 원자핵은 양의 전기를 띤 알갱이로 이루어져 있어요. 그 알갱이의 이름은 양성자에요. 양성자가 가진 전기와 전자가 가진 전기의 부호는 반대이고, 그 크기는 같아서 양성자의 개수와 전자의 개수가 같으면 원자는 전기를 띠지 않지요."

"양성자가 무겁나요? 전자가 무겁나요?"

윈프라가 물었다.

"양성자가 훨씬 무거워요. 양성자 하나의 질량은 전자 하나의 질량의 약 2000배 정도니까요. 그러니까 원자의 질량은 거의 양성자의 질량이라고 생각하면 되요. 그런데 저는 최근에 모든 원자가 가장 가벼운 원자인 수소 원자의 질량의 배수가 된다는 것을 알아냈어요. 수소 다음으로 가벼운 헬륨은 수소의 네 배, 그 다음 가벼운 리튬은 여섯 배…… 이런 식이죠. 그러니까 수소 원자핵에는 양성자가 한 개 있고, 헬륨에는 양성자가 4개 있는 것이지요."

"가만 헬륨 원자에는 원자핵 바깥에 전자가 두 개 있는 걸로 알려져 있는데 그럼 양의 전기와 음의 전기가 균형을 이루지 않잖아요?"

"헬륨은 네 개의 전자가 있어요. 두 개의 전자는 핵의 바깥에 있고 나머지 두 개는 핵 안에 잠들어 있지요."

로드 박사는 조금 자신 없는 표정으로 말했다. 그런데 갑자기 방송국으로 팩스 한 장이 날아왔다. 채드라는 이름의 과학자가 보내온 것이었는데 로드 박사의 이론이 모두 엉터리이므로 방송을 중단하라는 내용이었다. 윈프라 양은 채드의 말을 무시하고 방송을 진행했다. 그러자 채드는 방송국과 로드 박사를 과학 사기죄로 물리법정에 고소했다.

원자핵 안의 중성자는 양성자와 질량은 거의 같지만
전기를 띠지 않습니다.

채드는 왜 로드 박사의 이론이
틀렸다고 했을까요?
물리법정에서 알아봅시다.

 재판을 시작하겠습니다. 먼저 로드 박사 측
변론을 들어보겠습니다.

 로드 박사는 핵연구의 권위자입니다. 그런
사람이 헛소리를 하겠습니까? 충분히 실험과 검증을 통해 한
얘기겠죠. 그래서 윈프라 양 같은 미모의 아가씨가 진행하는
토크 프로그램에 참여하는 겁니다. 그러므로 채드의 주장은
아무 근거 없는 로드 박사에 대한 모함이라고 생각합니다.

 물치 변호사! 당신의 변론도 참 근거가 없어 보입니다. 그럼
채드 측 변호사 변론해 주십시오.

 이번 사건의 원고인 채드를 증인으로 요청합니다.

 증인 요청을 받아들이겠습니다.

　　머리가 훤하게 벗겨진 검은 줄무늬 티를 입은 남자가
증인석에 앉았다.

 증인은 무슨 이유로 로드 박사의 원자핵 모형이 틀렸다고 주
장합니까?

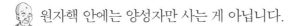 원자핵 안에는 양성자만 사는 게 아닙니다.

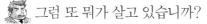 그럼 또 뭐가 살고 있습니까?

양성자와 질량은 거의 같지만 전기를 띠지 않은 알갱이가 살고 있습니다. 그 알갱이는 바로 중성자입니다.

허허~! 그렇다면 억지로 핵 안에서 잠자는 전자를 도입할 필요가 없군요.

그렇습니다. 수소를 제외한 모든 원자는 원자 번호만큼의 전자와 양성자를 가집니다. 그리고 원자핵 안에는 양성자와 중성자가 살고 있습니다.

수소는 왜 제외시킵니까?

수소의 원자핵에는 중성자가 없습니다. 양성자 한 개뿐입니다.

그럼 헬륨은 어떻습니까?

헬륨은 수소보다 네 배 무거운데 양성자는 두 개이고 중성자도 두 개입니다. 물론 전자도 두 개이고요. 양성자와 중성자의 질량이 거의 같으므로 헬륨은 수소의 네 배의 질량을 갖습니다. 그리고 전자 두 개와 양성자 두 개의 전기가 크기는 같고 부호만 달라서 전기적으로 중성을 유지하는 것입니다.

완벽한 이론입니다.

그렇군요. 로드 박사의 모델은 뭔가 좀 찜찜했습니다. 원자핵 밖의 전자도 있어야 하고 핵 안에 잠자는 전자도 있어야 한다는 것이 말입니다. 하지만 채드의 모델은 정말 완벽하다고 생

각합니다. 그러므로 본 재판에서는 채드의 모델을 공식적인
원자핵 모형으로 결정하겠습니다. 이상으로 재판을 마치도록
하겠습니다.

재판이 끝난 후, 채드의 중성자 발견으로 그동안 같은 원소이면
서 질량이 다른 동위원소의 원자핵에 대한 실체가 밝혀졌다.

 동위원소

양성자의 수는 같은데 중성자의 수가 다른 원소를 그 원소의 동위원소라 부른다. 예를 들어 보통의
수소의 원자핵은 양성자 하나로 이루어져 있지만 동위원소인 중수소의 원자핵은 양성자 한 개와 중
성자 한 개로 이루어져 있다.

양성자끼리 어떻게 같이 살지?

같은 부호의 전기를 띠는 양성자들이 핵 안에서 서로 떨어져 있을까요?

헤니의 학교에서는 매년 과학 캠프를 열었다. 과학 캠프는 아무나 갈 수 있는 것이 아니었다. 시험에 통과해야만 하는 영재들의 캠프였다. 올해에도 어김없이 캠프가 열렸다. 헤니는 4학년이 되어서야 비로소 과학 캠프에 참가할 수 있었다. 과학에 늘 관심이 많았었지만 어리다는 이유로 캠프에 참가를 할 수가 없었다.

"엄마! 나 과학캠프 꼭 보내주세요."

"아빠한테 얘기해 볼게. 일주일씩이나 가는 거잖아? 그리고 시험에 통과해야 갈 수 있는 건데? 그렇게 자신 있어?"

"물론 자신 있어요. 꼭 가고 싶어요. 으앙~!"

저녁 시간이 되자 아빠가 퇴근을 하셨다. 헤니는 현관에 들어서는 아빠를 보자마자 철썩 달라붙었다.

"아빠! 저 과학 캠프 보내줘요. 아~잉~!"

온갖 애교 작전을 펼쳐가며 끝내 승낙을 받아냈다. 참가 신청서를 가지고 선생님께 제출했다.

"헤니도 참가 하는구나. 헤니는 과학을 잘 하니까 분명 합격할 거야. 호호호!"

"저희 반에서 또 누가 참가해요?"

"니콜이랑 로한이랑 제니!, 그리고 헤니!"

"그렇군요."

"반에서는 한 명만 참가할 수 있는데, 다들 쟁쟁해서 선생님도 누가 참가할지 참 궁금하구나. 시험 준비 잘해서 꼭 합격하길 바란다."

"네."

헤니는 조금 불안했다. 참가 신청서를 낸 애들은 모두 반에서 상위권을 차지하고 있는 친구들이었다. 물론 헤니가 늘 1등이기는 했다. 그러나 니콜은 과학에서 헤니를 조금 앞서가고 있었다.

'니콜이 마음에 걸려…… 어떡하지……'

반으로 돌아와 자리에 앉아 책을 보고 있는 니콜을 바라보았다.

"헤니야!"

"응?"

제니였다.

"누굴 그렇게 보고 있는 거야? 니콜?"

"아니야."

"너도 이번 과학 캠프 참가 신청 했다며?"

"응. 제니 너도?"

"우리 엄마 때문에…… 난 참가하기 싫어. 과학에도 흥미도 없고……."

"난 꼭 하고 싶어!"

"잘 될 거야."

제니의 응원 덕분인지 마음이 조금 가라앉았다. 수업 종이 울리기 전에 방송이 나왔다.

"과학 캠프 참가 신청을 한 학생들은 방과 후에 강당으로 모이세요."

드디어 시험이 다가왔다. 수업 내내 머릿속에는 과학 캠프가 가득 차서 공부를 할 수가 없었다. 모든 수업이 끝나고 강당으로 향하는 발걸음은 너무나도 무거웠다. 반면 니콜은 뭐가 그리 신났는지 장난을 쳐가며 강당으로 걸어갔다.

"자, 여러분들 중에 각 반에서 한 명씩을 뽑아서 이번 과학 캠프에 참가할 기회를 줄 거예요. 모두들 최선을 다해서 시험에 응시하세요."

교감 선생님은 일일이 아이들에게 시험지를 나누어 주셨다. 헤니는 눈을 꼭 감고 속으로 주문을 걸었다.

'제발, 제발!'

눈을 뜨고 시험지를 보았다.

'앗!'

정말로 소원이 이루어진 것 같았다. 어젯밤 공부했던 부분이 그대로 시험에 나온 것이었다. 문제를 빠르게 풀고는 홀가분한 마음으로 강당을 나왔다. 다음날, 담임선생님이 헤니를 교무실로 불렀다.

"헤니야!"

"선생님. 무슨 일로 부르셨어요?"

"축하한다. 네가 우리 반 대표로 과학 캠프에 참가하게 되었어."

"네? 정말요? 감사합니다."

헤니는 드디어 꿈에도 그리던 과학 캠프에 참가할 수 있게 되어 너무 기뻤다. 캠프 하루 전날 밤, 헤니는 설레는 마음을 진정시키지 못하고 제대로 잠을 이루지 못하였다. 하지만 아침에 일어나자 기분이 붕 떴다.

"엄마, 아빠, 다녀오겠습니다."

큰 배낭을 메고 집을 나서는 발걸음은 매우 가벼웠다. 버스를 타고 3시간 정도 달리자 산 속에 콘도가 보이기 시작했다.

"여러분! 환영합니다. 우리는 일주일 동안 이곳에서 유명한 과학자들의 특강과 재밌는 과학 실험과 토론을 할 것입니다. 다들 과학 영재인만큼 많은 것을 배워가도록 합시다. 일단 방을 배정받고 한 시간 정도 쉬고 난 후에 강당으로 모이세요."

헤니는 방 열쇠를 받아 들고 자신의 숙소로 들어갔다. 깔끔한 침대와 작은 테이블이 눈에 띄었다.

"우와~! 좋다. 역시 영재 과학 캠프는 달라!"

테이블 위에는 오늘부터 있을 특강 등의 프로그램이 상세히 적혀 있었다.

"이 과학자는 교과서에서 봤던…… 이야! 정말 오기를 잘했어. 이런 유명한 과학자들을 직접 볼 수 있다니. 흐흐흐!"

헤니는 긴 시간을 차를 타느라 피곤하기도 했지만 과학자들을 직접 만나서 얘기 할 수 있다는 것을 생각하자 피곤이 저절로 풀렸다. 잠시 휴식을 취한 뒤 강당으로 일찍 내려왔다. 앞쪽에 자리를 잡고 앉아 있었다. 하나둘씩 학생들이 모여들었다.

"오늘은 루이 박사님이 오셨어요. 모두들 큰 박수로 환영해요."

말끔한 정장을 차려입은 루이 박사가 강단에 섰다.

"과학 영재 여러분! 만나서 반갑습니다. 제가 첫 특강을 시작하게 되었습니다. 릴레이식의 특강으로 내일은 제임스 박사님의 특강이 있을 예정입니다. 하하하~! 그럼 본론으로 들어가 볼까요? 오늘 저는 핵 안의 모습에 관하여 이야기하려고 합니다. 핵 안에는 양의 전기를 띤 양성자가 원자 번호만큼 들어있고 이들은 사이좋게 모여 살고 있습니다. 이 모형을 보면……."

그때였다. 강당 뒤에 앉아있던 내일 특강을 맡은 제임스 씨가 반론을 제기 했다.

"루이 박사! 그 모형은 잘못된 것 같아."

"네? 무슨 말씀이죠?"

"양성자들끼리는 전기가 같아서 서로를 밀어낼 것이 분명한데 어떻게 그들이 모여 살고 있다고 할 수 있지? 우리 과학 영재들을 뭘로 보고…… 그런 잘못된 이론은 그만 정정하게!"

루이는 얼굴이 붉어지더니 발끈하며 말했다.

"이봐요. 제임스 박사님! 남의 강의에 신경 꺼주십시오. 내일 있을 박사님 강의나 준비하시죠?"

"뭐라고? 어린 아이들에게 잘못된 이론을 가르치고 있는 것을 그냥 두고 보라는 말인가? 난 그렇게 못하네! 당장 정정하라니까!"

"제 이론은 틀리지 않았습니다."

"고집하고는…… 이건 고집 부릴 문제가 아니야. 어린 과학도들의 미래가 담긴 자리라고!"

"고집이라니요?"

제임스 박사와 루이 박사는 서로 다투기 시작했다. 캠프를 주관하는 관계자들은 두 사람을 말렸다. 아이들은 몹시 놀란 듯 보였다.

"어린이 여러분! 오늘의 특강은 일단 잠시 미루도록 하겠습니다. 빨리 자신의 숙소로 돌아갑시다."

방송이 나오자 어린이들은 자신의 방으로 들어갔다.

헤니는 이렇게 특강이 취소되는 것에 매우 실망하였다. 자리를 끝내 뜨지 못하고 두 사람의 싸움을 엿보았다. 하지만 제임스와 루이의 대립은 끊이지 않고 계속되었다.

"유명한 과학자 두 사람이 저렇게 싸우다니. 누구 편을 들어야하지? 루이와 제임스 박사 모두 존경하는 과학자들인데."

헤니는 곰곰이 고민에 빠졌다. 관계자들은 과학 캠프를 망친 두 사람을 물리법정에 세우기로 했다.

"루이 박사는 엉터리 이론으로 아이들에게 혼란을 주었습니다." 제임스는 관계자들에게 억울함을 호소하였다. 루이 역시 마찬가지였다.

"내 이론은 전혀 그르침이 없소! 제임스 박사가 잘못된 지식으로 나를 모욕하는 겁니다."

며칠 후, 두 박사는 물리법정에 서야 했다.

양성자와 양성자 사이에는 서로 밀어내는 전기력 보다는
서로 당기는 핵력이 강하게 작용합니다.

같은 부호의 전기를 띠는 양성자가
핵 안에서 어떻게 모여 있을 수
있을까요?

물리법정에서 알아봅시다.

 재판을 시작하겠습니다. 먼저 제임스 박사
측 변론을 들어보겠습니다.

 전기에는 두 종류가 있습니다. 양의 전기
와 음의 전기죠. 같은 부호의 전기끼리는 서로 밀치는 힘이
작용하고 다른 부호의 전기끼리는 서로 당기는 힘이 작용합
니다. 그리고 양성자들은 모두 같은 부호의 전기를 가지고
있습니다. 그런데 어떻게 그 조그만 핵 안에서 달라붙어 있
을 수 있나요? 루이 박사의 주장은 뭔가 잘못되었다고 생각
합니다.

 루이 박사 측 변론해 주십시오.

 루이 박사를 증인으로 요청합니다.

 증인 요청을 받아들이겠습니다.

짧은 브라운 색 머리를 가진 40대의 남자가 증인석
으로 들어왔다.

 제임스 박사 측에서는 양성자들끼리는 핵 안에 살 수 없다고

하는데 증인은 어떻게 생각합니까?

 핵 안에서 충분히 살 수 있습니다.

 힘 때문에 서로 밀쳐지는 건 어떻게 설명하죠?

 물론 양성자들이 같은 부호의 전기를 띠고 있어 서로 밀쳐지는 건 사실입니다. 하지만 핵 안의 양성자들 사이에는 그 힘만이 있는 건 아닙니다.

 그럼 어떤 힘이 더 있습니까?

 양성자와 양성자 사이에는 핵력이라는 힘이 존재합니다. 이 힘은 양성자들을 서로 달라붙게 하는 힘으로 전기적인 힘과는 비교도 안 될 정도로 아주 큰 힘입니다. 그래서 이 힘을 핵력 또는 강력이라고 부르는데 이 힘 때문에 양성자들이 조그만 핵 안에 모여 있을 수 있는 것입니다.

 제임스 박사가 하나만 생각했군요. 두 개의 힘이 있을 때는 두 힘의 합력이 물체에 작용하는데 이 경우 양성자들은 서로를 밀치는 전기력보다 더 큰 인력인 핵력을 받아 양성자가 받는 힘은 인력이 되어 서로 달라붙을 수 있다는 것을 제임스 박사가 몰랐던 것 같습니다. 그러므로 제임스 박사는 핵 안에 살고 있는 양성자나 중성자들 사이의 힘에 대해 좀 더 공부할 것을 판결합니다. 이상으로 재판을 마치도록 하겠습니다.

재판이 끝난 후, 제임스 박사는 원자핵 속의 새로운 힘인 핵력에

대한 본격적인 연구를 했다. 그리고 얼마 후 그는 핵력을 전달하는 입자인 중간자가 핵 속에 있다는 놀라는 결과를 발표했다.

두 물체 사이의 힘은 힘을 전달하는 입자에 따라 종류가 달라진다. 가령 전기를 띤 두 물체는 광자의 전달에 의해 전기 힘이 작용한다. 마찬가지로 핵력은 전기적으로 중성인 중간자의 전달에 의해 생기는 강한 인력이다.

고준위 폐기물은
방사선이 남아 있어요

고준위 폐기물과 저준위 폐기물의 처리 방법은 다른가요?

고고학자인 나국사 씨는 오늘도 종일 도서관에서 문헌 조사를 하느라 정신이 없었다. 벌써 몇 달째인지 지하 도서관에서 나올 생각을 안 했다. 계절이 바뀌어도 밥 먹을 때를 제외하고는 도서관의 가장 구석진 자리에 늘 앉아있었다.

"교수님!"

그의 제자인 현주가 나지막한 목소리로 불렀다.

"무슨 일이지?"

"반가운 뉴스에요! 조금 전에 봉달이 아저씨한테 전화가 왔어요."

"봉달이?"

"왜 지난번에 발굴 조사 나갔던 순박 마을 청년회장 아저씨요! 그 아저씨네 밭에 우물을 파려고 땅을 팠는데 뭔가 이상한 물건을 발견했다는 제보 전화에요."

"그래? 그럼 바로 가봐야지! 어서 희동이한테 연락해라."

"네!"

현주와 국사 교수는 도서관을 나와 차에 올라탔다. 마침 학교에 있었던 희동이도 곧장 달려왔다.

"이번에도 또 헛걸음 하는 거 아니에요?"

"하긴 지난번에도 유물인 줄 알고 갔다가 쓰레기만 잔뜩 나왔잖아. 교수님! 그 마을은 거리도 꽤 먼데……."

"그래도 가서 직접 확인해 봐야지! 그게 우리가 하는 일이잖아?"

"네."

국사 교수는 빠른 속도로 운전을 했다. 이번에는 왠지 모르게 진짜 유물이 발굴 될 것만 같은 좋은 예감이 들었다. 마음은 이미 마을에 도착해 있었고 몸만 가면 됐다.

"교수님! 너무 빠른 것 같아요. 이러다가 감시 카메라에 찍히는 거 아니에요? 호호호~!"

"현주야, 희동아!"

교수는 진지하고 결의에 찬 말투로 말했다.

"네?"

"오늘은 뭔가 발굴될 것 같지 않니?"

"글쎄요."

"뭐! 괜한 기대 안고 갔다가 실망한 적이 너무 많아서 이번에도 솔직히 그냥 기대 안 할래요. 더군다나 그 마을은 지난번에도 가서 며칠간 삽질만 하다가 왔잖아요. 무슨 농촌 봉사 활동도 아니고……."

"그래도 난 또 기대해야겠다. 허허허~!"

국사 교수는 기분이 매우 좋아보였다. 두 시간 정도를 달려서 마을에 도착할 수 있었다. 마을 청년 회장이 마을 입구에 마중 나와 있었다.

"교수님!"

"예, 봉달 씨! 나와 계셨군요."

"네. 하하하~! 근데 참 이상해요. 내가 우물을 만들려고 땅을 한참을 파고 있었는데 요상한 상자가 나왔어요. 상자에는 해골 표시도 있고요. 지난번에 교수님이 우리 농사일을 도와주셔서 참 고마웠던 참에…… 왠지 교수님이 찾는 오래된 유적이 아닌가 해서 바로 연락드린 거예요."

봉달이는 마을의 청년 회장이며 고고학에 관심이 많은 농사꾼이었다.

"봉달 씨, 고맙습니다. 그런데 그 물건들은 어디 있죠?"

"이리 따라오세요. 아~ 학생들도 같이 왔구먼? 현주 학생이랑 희동이 학생, 맞지? 하하하~!"

"안녕하세요."

현주와 희동이는 고개를 숙여 인사를 했다. 그리고 봉달이가 이끄는 곳으로 국사 교수 일행은 따라갔다. 밭 한가운데에는 한창 우물 공사를 하다가 중단한 흔적이 있었다. 그리고 그 옆에 돗자리가 깔려 있었다.

"저기 저 돗자리 위에 그 물건들을 놓았습니다. 아직 다 꺼낸 것은 아니고 세 개 정도만 꺼냈는데…… 한번 보세요."

국사 교수는 상자들 쪽으로 다가갔다. 그리고 조심스럽게 상자를 살펴보았다. 한참을 살피던 중 교수는 무릎을 탁 쳤다.

"이거야! 바로 이거야!"

갑자기 소리를 지르는 바람에 현주와 희동이 그리고 봉달 씨는 깜짝 놀랐다.

"교수님! 그게 뭐에요?"

"이건 오래된 미라가 아닐까? 해골이 상자에 그려져 있는 걸로 봐서."

"네, 미라요?"

"얼마나 오래된 미라일까요? 세상에!"

희동이와 현주의 입은 쩍 벌어졌다. 봉달 씨도 잘은 모르지만 자신이 분명 귀한 물건을 건져 올렸다는 것에 뿌듯해 했다.

"봉달 씨! 그럼 저 아래에 이 세 유물 말고도 다른 것들이 있다는 겁니까?"

봉달 씨는 머리를 긁적이며 말했다.

"아마도 더 있을 겁니다. 지금은 날이 어두워져서 찾기 힘들 것이고 내일쯤 날이 밝는 대로 한번 더 찾아봅시다."

"고맙습니다. 일단 전문가들을 불러야겠어. 정말 이 물건들이 고대 인류의 미라라면 세계가 놀랄 일이지."

교수 일행은 일단 세 개의 상자를 조심스럽게 상자에 담고 봉달 씨 집에서 하루 신세를 지기로 했다.

"자, 어서 들어와요. 배고플 텐데 밥 먼저 먹읍시다."

"봉달 씨, 이렇게 신세만 지게 돼서 정말 죄송합니다."

봉달이는 양손을 흔들며 말했다.

"신세는 무슨…… 누추한 집이지만 편히 쉬세요. 내일 우리 다 같이 큰일을 해야 하잖아요? 하하하!"

"그렇죠. 허허허~!"

푸짐한 식사를 마치고 교수 일행은 피곤함에 곧바로 골아 떨어졌다가 다음 날 정오가 돼서야 눈을 떴다.

"늦잠을 자버렸네."

교수는 순간 어제의 일이 꿈인 것만 같았다. 허겁지겁 차로 가서 트렁크 안의 상자를 열었다. 그런데 상자 안에는 미라가 아니라 유리벽돌이 나왔다.

"이게 뭐지?"

교수는 고대 미라가 나오지 않아 실망한 표정이었다. 그리고 상자안의 유리벽돌에 대해서는 정부 과학 조사국에서 나와 검사해 본 결과, 인근 원자력발전소에서 방사능 핵폐기물을 유리벽돌로 만들어 순박 마을 곳곳에 버린 것으로 드러났다.

"폐기물을 농사짓는 땅에 버리다니. 괘씸하군."

교수는 순박 마을 사람들의 동의도 구하지 않은 채 핵폐기물을 몰래 땅 속에 묻은 원자력발전소 측을 물리법정에 고소했다.

원자력 발전소에서 나온 고준위 폐기물은 재처리 과정을 거쳐서
유리벽돌로 만들어 보관합니다.

여기는 **물리법정**

핵폐기물은 어떻게 관리해야 할까요?
물리법정에서 알아봅시다.

 재판을 시작하겠습니다. 먼저 피고 측 변론을 들어보겠습니다.

 원자력발전소에서는 끊임없이 핵폐기물이 발생합니다. 그래서 그 폐기물을 유리상태의 벽돌로 만들어 땅속에 묻어 두었습니다. 그것은 안전한 조치입니다. 그럼 폐기물을 그냥 바다나 강에 버릴 수는 없잖아요? 그러므로 원자력발전소는 가장 안전한 방법으로 핵폐기물을 처리했다고 봅니다.

 원고 측 변론해 주십시오.

 핵폐기물 연구소의 나변해 박사를 증인으로 요청합니다.

 증인 요청을 받아들이겠습니다.

머리에 세 올 정도의 머리카락만이 남아 있는 60대 남자가 증인석에 들어왔다.

 핵폐기물이 무엇입니까?

 원자력발전을 하기 위해서는 원자로에서 우라늄이나 플루토늄의 원자핵을 중성자로 때려서 두 개의 핵으로 분열 시켜야 합니다. 이렇게 원자핵 분열을 한 후에 남은 물질을 핵폐기물이라고 부릅니다.

 그럼 핵폐기물은 핵분열이 끝난 물질이므로 안전한 게 아닙니까?

 그렇지는 않습니다. 핵분열이 끝난 후 생기는 원자핵들은 모두 방사능을 가지고 있어 위험합니다. 또한 원자로에서 우라늄이나 플루토늄이 모두 핵분열 하는 것은 아닙니다. 보통 원자로에서 우라늄 원료의 3%만이 사용되는데 이렇게 생긴 우라늄과 플루토늄을 핵분열 과정에서 생긴 핵폐기물들과 분리하는 과정을 재처리 과정이라고 합니다. 이런 재처리 과정에 의해 분리된 우라늄이나 플루토늄은 다시 새로운 연료를 만드는데 사용되지만 그렇다 하더라도 완전히 우라늄이나 플루토늄이 재처리 되지 않고 핵폐기물에 섞여서 강한 방사능을 가질 수 있습니다. 이때 핵폐기물 중에서 강한 방사선을 가진 폐기물을 고준위 폐기물이라고 하고 인체나 생물에 큰 영향을 주지 않는 폐기물을 저준위 폐기물이라고 하는데 저준위 폐기물은 바다에 그대로 버리지만 고준위 폐기물은 방사선이 있으므로 특별한 처리를 해야 합니다.

 어떤 처리를 해야 합니까?

 고준위 폐기물은 재처리 과정을 거쳐서 액체로 만듭니다. 그리

고는 이것을 벽돌 모양으로 만드는데 이것이 고준위 폐기물 유
리벽돌입니다.

 이번에 순박 마을에서 발견된 유리벽돌이 그것이군요.

 그렇습니다.

 그럼 유리벽돌 상태의 고준위 폐기물은 안전합니까?

 모든 핵폐기물은 시간이 지나면 방사능이 약해집니다. 예를 들
어 우라늄은 처음 방사능의 세기의 절반으로 줄어드는데 45억
년이 걸리는데 이것을 방사능 물질의 반감기라고 부르지요. 하
지만 반감기는 물질에 따라 달라 폴로늄은 반감기가 3분으로
아주 짧습니다. 그러므로 반감기가 짧은 원소는 유리벽돌 안에
서 곧 방사능이 없는 물질로 변하지만 반감기가 긴 우라늄과
같은 원소는 계속 방사능을 가진다고 볼 수 있습니다.

 그렇다면 유리벽돌 안에 우라늄 같은 반감기가 긴 고준위 폐기
물이 존재할 수도 있다는 말씀입니까?

 네, 그렇습니다.

 그렇다면 순박 마을에 몰래 유리벽돌을 묻은 원자력발전소는
그 책임이 있다고 생각합니다.

 판결합니다. 비록 고준위 폐기물을 유리상태의 벽돌로 만드
는 방법이 현재로서는 고준위 폐기물을 처리하는 최선의 방
법이라는 점 인정합니다. 하지만 순박 마을 사람들 몰래 땅속
에 고준위 폐기물을 묻어 놓은 행위에 대해서는 원자력발전

소에 책임이 있다고 판결합니다. 이상으로 재판을 마치도록
하겠습니다.

재판이 끝난 후, 원자력발전소는 순박 마을 사람들에 위자료를
지급했고 순박 마을 사람들의 동의를 얻어 마을 야산에 지금은 사
용하지 않는 폐광에 고준위 폐기물을 묻기로 합의했다.

영국의 세라필드(sellafield)

영국에서는 원자력발전에서 나온 고준위 폐기물을 1.5톤짜리 유리벽돌로 만들어 캠브리어 지방의
세라필드 마을의 땅속에 저장한다.

 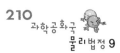

핵분열이
뭐가 그리 큰 에너지인가요?

중성자의 역할은 무엇일까요?

사건속으로

"박사님! 저희 실험이 성공에 거의 가까워진 것
같습니다."

"그래?"

유능한 박사팀은 비밀리에 우라늄을 이용한 핵무기 실험을 진행
중이었다. 사람들에게 비공개로 진행되는 실험이었기에 안사라 섬
에서 연구원 열 명 정도만이 실험에 참가하고 있었다. 안사라 섬은
아무도 살지 않는 무인도 섬이었다. 안사라 섬 옆에는 더 작은 규모
의 못사라 섬이 있었는데 그곳 역시 사람들이 살지 않는 곳이었다.
하지만 과일들과 금빛의 모래사장이 매력적인 무릉도원 같은 곳이었다.

"본격적인 실험은 언제 이루어지는 거지?"

"3일 뒤에 정부 고위 관계자들이 이곳으로 온다고 했습니다."

"그렇군. 이제 며칠 뒤면 지긋지긋한 섬 생활도 끝이 나는 건가. 허허허. 오늘은 연구원들끼리 조촐한 파티라도 해야겠어."

"좋죠. 하하하!"

유능한 박사는 고생한 팀원들을 위하여 파티를 열기로 했다. 그때 박사의 연구실 문을 두드리는 소리가 들렸다.

'똑똑똑!'

"들어오세요."

"유능한 박사! 허허허!"

"강 박사! 그렇지 않아도 자네 팀원들도 초대하려고 했는데……."

"초대? 파티라도 하는 건가?"

"족집게구먼! 우린 3일 뒤에 실험을 할 예정이야. 드디어 이 섬 생활도 끝이 날 것 같아서 팀원들이랑 자축 파티를 하려고!"

"3일 뒤? 우리 다이너마이트 팀도 3일 뒤에 실험하기로 했는데?"

"그래? 하하하. 그럼 그쪽도 자축 파티 해야지! 같이 하세."

"좋지! 오늘 저녁에 하는 거겠지?"

"응. 우리 실험동 앞에 정원으로 오게."

강하니 박사팀은 안사라 섬 유능한 박사 팀과 조금 떨어진 곳에서 또 다른 실험을 하고 있는 팀이었다. 강 박사 팀에서는 다이너마이트를 이용하여 연구를 진행 중이었다. 유 박사 팀보다 한 달 먼저 이 섬에 자리를 잡고 있었다. 유일한 이웃이었던 두 연구 팀은 사이도 매우 좋았다. 서로를 의지하며 실험에 도움을 주는 관계였다. 3일 뒤에 두 팀 모두 실험을 성공적으로 마치고 3년 만에 과학공화국으로 돌아갈 생각을 하니 파티를 열만도 했다. 해가 저물고 저녁이 되었다. 강 박사 팀은 유 박사 팀의 실험동으로 출발을 했고, 유 박사 팀은 파티 준비로 한창이었다.

"유 박사!"

"오~ 왔군!"

"안녕하십니까? 박사님."

강 박사의 팀원은 8명이었다. 모두들 젊은 연구원들이었다.

"다들 오랜만이야. 집에 갈 생각을 해서 그런지 얼굴들이 좋아 보이는군."

"박사님도 좋아 보이세요. 호호호!"

"그런가? 들켜 버렸네. 허허~!"

파티의 분위기는 매우 화기애애했다. 동고동락을 한 팀원들은 이미 실험에 성공이라도 한 듯이 기쁨에 도취되어 있었다.

"강 박사! 조금 아쉽지 않아?"

"그러게. 후련할 줄만 알았는데 여기 안사라 섬이랑 저기 못사라 섬을 볼 수 없다는 게 조금은 아쉽군."

"3년을 산 곳인데, 특히 저 못사라 섬은 완전 천국 같은 지상낙원이잖아? 내일은 모터보트를 타고 저 섬을 한번 둘러봐야겠어."

"나도 같이 가자고!"

가든 파티의 밤은 저물고 있었다. 다음 날 강 박사와 유 박사는 함께 못사라 섬으로 향했다. 안사라 섬에서 모터보트를 타면 십 분이 채 안 걸리는 거리였다.

"이야~ 여기는 언제 와도 정말 환상적이야. 모래에서 금빛이 나! 허허~!"

"저 과일들은 어떻고? 우리 실험만 끝나면 이곳도 관광지로 개발될 거야. 그럼 사람들이 많이 몰려들어서 지금의 모습을 잃을 지도 모르지."

두 사람은 모래사장에 누워 바다 바람을 맞으며 잠이 들었다. 해가 지기 전에 다시 안사라 섬으로 넘어오며 말없이 못사라 섬을 바라보았다.

"박사님! 내일 관계자들이 오겠다고 연락이 왔습니다."

"모레 온다고 하지 않았나?"

"하루 일찍 온다고 합니다. 실험 준비는 이미 완료된 상태라 큰 관계는 없을 것 같습니다."

"그래? 알았네."

유능한 박사는 늦은 밤에 홀로 섬을 산책하고 있었다.

'이제 여기서의 마지막 밤이군.'

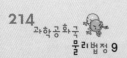

날이 밝고 아침이 왔다. 정부 관계자들은 헬기를 타고 안사라 섬에 도착했다.

"오~ 유능한 박사! 그리고 강 박사! 그동안 정말 노고가 많았네."

"어서 오십시오."

"우리 세 명은 우라늄을 이용한 핵무기 실험을 참관할 예정이고 정 팀장은 다이너마이트 실험에 참관하도록 하지! 두 실험은 모두 동시에 진행하도록! 실험이 끝나면 정리해서 돌아가자고……."

정부 관계자 여섯 명은 세 명씩 갈라져서 각각 강 박사 팀과 유 박사 팀의 실험동으로 향했다. 드디어 기다리고 기다리던 실험의 성공이 눈앞에 다가왔다.

"10초 남았습니다. 10, 9, 8, 7……."

화면을 지켜보는 사람들은 모두들 긴장감을 늦출 수 없었다. 누구보다 강 박사와 유 박사는 진땀이 날 정도로 긴장이 고조되었다.

"3, 2, 1!"

두 개의 빨간 버튼은 동시에 눌러졌다.

'펑!'

굉음과 함께 섬 안에는 연기가 자욱했다. 몇 분 후 화면에 결과가 보이기 시작했다.

"아니, 이럴 수가!"

"무슨 일인가?"

"못사라 섬이 사라졌습니다."

"뭐라고? 그게 무슨 소리야?"

"그게, 저도 잘 모르겠습니다. 못사라 섬이 눈 깜짝할 새 없어졌다는 것 밖에는……."

강 박사와 유 박사는 눈을 의심하지 않을 수 없었다. 어제까지만 해도 금빛 모래사장에 누웠던 섬이 사라지다니. 정부 관계자들은 아연실색하였다.

"정말 큰일이군. 못사라 섬은 우리 과학공화국 것이 아닌데……. 수학공화국에서 알면 난리가 날 텐데. 도대체 무슨 실험이 책임을 져야하는 거야? 우라늄을 이용한 핵무기 실험이 문제였나?" 유능한 박사는 펄쩍 뛰었다.

"무슨 소리입니까? 우리 실험은 수 백 번 이루어졌지만 이렇게 섬이 사라진 적은 한 번도 없습니다. 우리의 우라늄 핵무기 실험은 이번 사건과 관계가 없습니다."

이를 듣고 있던 강 박사 역시 얼굴을 붉히며 말했다.

"유능한 박사! 그럼 지금 우리 다이너마이트 실험 팀의 책임이라는 건가? 자네가 어떻게 이럴 수가 있나?"

"이건 사적인 감정으로 해결할 문제가 아니야. 섬이 통째로 없어진 큰 사건이라고! 수학공화국에서는 어떤 조치를 내릴지 몰라. 일단 우리가 이런 위험한 실험을 비밀리에 했다는 것 자체만으로 모든 언론들이 달려들게 분명해. 냉정하게 말하면 자네 다이너마이트 팀의 실험 실수로 섬이 사라져 버린 거야! 우리 우라늄은 핵분열을 해봤자 에너지는 정말 작다고!"

강 박사는 기가 막힐 노릇이었다. 어제까지만 해도 살가웠던 유 박사가 자신에게 칼을 들이대는 꼴이었다. 정부 관계자들도 유능한 박사의 확고한 말에 수긍하는 눈치였다.

"강 박사님! 이번 사건에서 정부와 우라늄을 이용한 핵무기 실험은 비밀에 묻어 두세요. 그냥 박사님 개인적인 실험이었다고 하세요. 박사님과 팀원들에게 보상은 톡톡히 치러드리겠습니다."

정부 관계자들의 말은 강 박사를 더욱 화나게 했다.

"지금 우리 다이너마이트 팀을 의심하는 겁니까? 우리 팀은 섬이 사라질 만한 강한 폭발력은 없습니다. 범인은 유 박사의 우라늄 핵이란 말입니다."

"범인? 강 박사! 정말 이러기야?"

"자네 말대로 냉정하고 객관적으로 말한 것뿐이야. 무슨 문제 있나?"

"이 사람이."

두 박사의 눈빛은 원수를 바라보는 듯 날카로웠다. 다음날 과학 공화국에서는 못사라 섬이 사라진 사실을 알게 되었다. 이에 두 실험 팀은 서로 책임을 떠넘기기에 급급했고, 과학공화국에서는 책임을 묻기 위하여 물리법정에 강 박사 팀과 유 박사 팀을 고소하였다.

핵분열 과정에서는 중성자 하나가 와서 우라늄이 두 개로 쪼개지고
중성자가 두 개가 나와서 다시 근처의 우라늄이 나누어지면서
네 개의 중성자가 나옵니다.

여기는 **물리법정**

우라늄이 핵분열하면 어느 정도의
파괴력이 생길까요?
원자폭탄의 원리는 뭘까요?
물리법정에서 알아봅시다.

 재판을 시작하겠습니다. 이번 사건은 아리
송해서 도대체 누구의 말이 맞는지. 일단 물
치 변호사, 변론해 주십시오.

 우라늄은 핵분열 과정에서 핵이 두 개로 쪼개져 하나는 바륨
핵이 되고 다른 하나는 크립톤 핵이 됩니다. 이 반응에서 에너
지가 나오기는 하지만 워낙 작은 에너지라 섬 전체를 파괴시
키지는 못합니다. 그러므로 이번 사건의 책임은 다이너마이트
팀에 있다고 봅니다.

 그럼 피즈 변호사 변론을 들어보겠습니다.

 핵분열 연구소의 마이투 박사를 증인으로 요청합니다.

 증인 요청을 받아들이겠습니다.

흰색 정장을 단정하게 차려입은 30대의 여자가 증인
석에 앉았다.

 당신은 핵분열 전문가죠?

 아, 사람들이 그렇게 부르더군요.

우선 어떤 과정에서 핵분열이 일어납니까?

 아주 빠른 속도로 날아가는 중성자로 우라늄 핵을 때리면 우라
늄 핵이 두 조각이 납니다.

 그런데 특별히 중성자로 때린 이유가 있습니까?

 중성자는 전기를 띠지 않기 때문이죠.

 잘 이해가 되지 않습니다. 좀 더 자세히 설명해 주세요.

 핵 속에는 양성자와 중성자가 있죠?

 네.

 그러니까 핵에 양성자를 던지면 핵 안의 양성자와 전기적인 반
발력이 생겨 핵 안으로 파고들기가 힘듭니다. 하지만 중성자는
전기를 띠지 않기 때문에 핵 안으로 파고들기가 편합니다.

 이 과정에서 큰 에너지가 나오나요?

 아닙니다. 아주 작은 에너지가 발생합니다.

 그럼 물치 변호사의 말이 맞군요.

 하지만 핵분열 과정에서 하나의 중성자로 때리면 두 개의 중성
자가 무지 빠르게 튀어 나와 다른 우라늄 핵을 쪼개고 다시 중
성자 네 개가 튀어나오고 그것들이 우라늄을 핵을 쪼개고 다시
여덟 개의 중성자가 튀어나와 다른 우라늄 핵을 쪼개러 날아갑
니다.

 우와! 점점 우라늄 핵이 박살이 나는 군요.

 이렇게 반응이 연쇄적으로 일어나기 때문에 이런 핵분열을 연

쇄 핵분열이라고 합니다. 그러니까 어마어마한 양의 에너지가 나옵니다.

 어느 정도의 에너지가 나옵니까?

 우라늄 11kg으로 석탄 230만 톤을 동시에 태웠을 때 나오는 에너지와 같은 크기의 에너지가 나옵니다.

 우와! 놀랍습니다.

 나도 놀라워요. 아무튼 이 연구는 국가 차원에서 우라늄을 나쁜 목적에 사용하는 집단에게 넘어가지 않도록 철저하게 보안 유지를 해야 할 것 같습니다. 그리고 이번 섬의 파괴에 대해서는 우라늄이 전적으로 책임이 있다고 판결합니다. 이상으로 재판을 마치도록 하겠습니다.

재판이 끝난 후, 우라늄의 연쇄 핵분열 연구는 국가 보안처의 관리 하에 비밀 프로젝트로 진행되고 일반인에게는 공개되지 않았다.

 아인슈타인 에너지

핵분열 과정에서 나오는 에너지는 아인슈타인의 상대성 이론에서 나오는 $E = mc^2$이라는 에너지이다. 핵분열 과정에서는 질량이 보존 되지 않는데 이때 줄어든 질량에 대응하는 $E = mc^2$의 에너지가 핵분열의 에너지이다.

원자핵의 사랑

원자핵 속의 양성자와 중성자는 같은 수일까요?

율이는 오늘도 거실에 엎드려 책을 보고 있었다. 주말을 맞아 집에서 늦잠을 자고 있다가 정오가 다 되어서 일어났다. 거실로 나오자 아들 율이가 독서 삼매경에 빠져 있었다.

"우리 왕자님! 무슨 책을 그렇게 열심히 읽으시나요?"

"아빠!"

율이는 읽고 있던 책을 덮었다. 매일 같이 바쁜 핵물리학자인 아빠는 늘 연구소에 있었고 율이와 놀 수 있는 날은 유일한 주말 이었다.

"아빠, 자전거 타러 공원가요!"

"책 안 읽어? 재밌게 읽고 있던데?"

"재미있는데, 자전거 타는 게 더 재밌을 거 같아요."

"알았어. 엄마는?"

"엄마는 잠깐 마트 간다고 나갔어요."

"그럼, 엄마 오면 같이 가자! 아빠 씻고 올 테니까 읽던 책 마저 읽어!"

"네!"

신이 난 율이는 소파에 앉아 책을 펼쳤다. 머리를 감고 나갈 준비를 마친 아빠는 율이 옆에 앉았다. 율이는 책에 푹 빠졌는지 아빠가 옆에 온 줄도 모르는 것 같았다.

"율!"

"……"

'이 녀석 책 읽는 거 좋아하는 거는 꼭 나를 닮았단 말이야. 무슨 책을 읽기에……'

아빠는 머리를 숙여 율이가 읽고 있는 책의 표지를 들여다보았다. 책의 제목은 잘 보이지 않았다. 끝에 두 글자만 보였다.

'…… 사랑?'

"안 율!"

"네?"

율이는 깜짝 놀랐다.

"이 녀석아! 열 살짜리가 사랑 책이나 보고!"

"네?"

어리둥절한 율이의 이마에 아빠는 살짝 꿀밤을 주었다. 갑작스러운 꿀밤에 율이는 당황하였다.

"아빠!"

"이 책은 어디서 났어?"

아빠는 율이가 읽고 있던 책을 뺏어 들었다. 그리고 제목을 다시 살펴보았다.

"어라? 원자핵의 사랑?"

"과학 동화책이에요."

"아하."

순간 아빠의 얼굴은 빨갛게 달아오르면 머리를 긁적였다. 괜히 아들을 오해한 것 같아 너무 민망스러웠다.

"으흠. 이 책은 무슨 과학책 제목이 이러냐?"

"아빠도 참! 요즘은 제목들이 다 재밌어요! 아빠, 설마 저를 오해하신 거에요?"

율이는 열 살짜리 답지 않게 눈치도 빠르고 성숙했다. 아빠는 괜히 들킨 마음을 감추려고 크게 웃어댔다.

"하하하! 이 녀석도 참! 그나저나 엄마는 왜 이렇게 안 오시니?"

"그러게요. 근데 아빠! 이 책은 그냥 사랑 이야기가 아니라 말 그대로 원자핵의 사랑이에요. 핵 속에 같은 개수의 양성자와 중성자가 살고 있데요. 음. 남자 양성자와 여자 중성자가 만나서 사랑을 한다는 내용이에요."

"뭐! 누가 물어봤니?"

율이는 음흉한 미소를 지었다.

"아빠가 오해하실 것 같아서요."

"뭐라고? 요 녀석! 아빠를 놀려?"

아들과 한창 장난을 치고 있던 도중에 엄마가 장을 보고 돌아 왔다.

"당신 일어났어요?"

"마트에 갔었다며, 근데 왜 이렇게 오래 걸렸어? 우리는 당신 기 다리고 있었어."

"세일을 하는 바람에 이것저것 사느라고요. 두 부자가 나 빼고 신 났네?"

"그럼, 하하하!"

세 식구는 점심을 먹고 공원에 나가기로 했다. 점심 식사를 하고 있는데 아빠는 순간 아까 아들 율이가 한 이야기가 떠올랐다.

"율이야! 아까 저 책이 무슨 내용이라고 했지?"

"남자 양성자와 여자 중성자가 사랑하는 내용이요."

"그래? 중성자의 수와 양성자의 수는 항상 같은 게 아닌데 짝이 안 맞겠구나. 슬픈 사랑 이야기네?"

엄마는 두 부자의 대화를 들으며 고개를 갸웃거렸다.

"무슨 말이에요? 중성자, 양성자, 사랑?"

"으흠! 우리 부자간의 비밀!"

아빠는 율이에게 윙크를 했다. 율이는 웃으며 말했다.

"근데 아빠 말은 틀렸어요! 저 책에서 읽었는데 양성자와 중성자의 수는 같다고 해요. 둘 둘이 짝을 지으니까 슬픈 사랑 이야기는 아니에요."

율이는 말을 하고는 서툰 젓가락질로 멸치를 집어 먹었다. 아빠는 고개를 저으며 말했다.

"그럴 리가! 아들. 중성자의 수와 양성자의 수는 항상 같을 수는 없어!"

"아니에요. 저 책은 유명한 물리학자가 쓴 거라고요!"

"뭐?"

아빠는 식사를 하던 도중 책을 가지러 거실로 갔다.

"여보! 밥 먹다 말고 뭐해요?"

"잠깐만!"

아빠는 책을 뒤적이며 훑어 읽었다. 율이의 말대로 책에는 중성자의 수와 양성자의 수가 같다고 쓰여 있었다.

"이런! 아이들이 읽는 책에 잘못된 지식이 쓰여 있다니."

"아빠!"

율이도 수저를 내려놓고 거실로 나왔다.

"율이야! 아빠 직업이 뭐지?"

"핵물리학자!"

"아빠 말이 옳은 거야! 이 책은 잘못 쓰인 거란다."

"그래도 이 책은 베스트셀러예요."

"뭐라고?"

아빠는 가만히 있을 수 없었다.

'잘못 만들어진 책이 베스트셀러라니!'

책의 앞뒤를 살피던 아빠는 전화기를 들었다. 그리고 출판사에 전화를 했다.

"여보세요? 베스트 출판입니다."

"《원자핵의 사랑》이라는 책 때문에 전화했습니다."

"무슨 일이시죠?"

"책이 잘못되었네요. 여기 48쪽을 보면 중성자의 수와 양성자의 수가 항상 같다고 나와 있는데…… 이거 아니거든요."

"이 책은 베스트셀러입니다. 그리고 유명하신 물리학자가 쓰신 거고, 저희 책의 내용에는 문제가 없습니다. 이만 끊겠습니다."

"여보세요!"

"뚜우우우……."

아빠는 출판사의 태도에 화가 났다.

"아니 뭐 이런 출판사가 다 있어?"

주방에 있던 엄마는 거실에서 언성이 높아지자 거실로 나왔다.

"무슨 일이에요?"

"율이가 읽고 있는 책의 내용이 잘못되었더라고. 그래서 수정해 달라고 전화를 했더니. 애독자의 의견은 전혀 들으려고도 하지 않아!"

"워낙 큰 출판사라."

"그게 무슨 상관이야? 그렇게 큰 출판사가 잘못된 내용을 버젓이 실어 놓고 책을 팔아? 그냥 둘 수 없어!"

율이와 엄마는 잔뜩 화가 난 아빠를 보고 아무런 말도 하지 못했다. 결국 다음 날 물리법정으로 가서 베스트 출판사를 고소하기로 했다.

수소를 제외한 가벼운 원자에서
양성자의 수와 중성자의 수가 같습니다.

여기는 **물리법정**

원자핵 속에서 양성자의 수와
중성자의 수는 항상 같을까요?
물리법정에서 알아봅시다.

 재판을 시작하겠습니다. 이번에도 책과 관
련된 재판이군요. 먼저 피고 측 출판사 변론
을 들어보겠습니다.

 원자핵의 사랑은 초베스트셀러입니다. 사람도 남녀의 수가 거
의 같을 때 아름다운 세상을 만들 수 있듯이 원자핵 안에서 양
성자와 중성자의 수가 같을 때가 지극히 자연스러운 일입니
다. 신이 원자핵을 만들 때 당연히 그런 조화를 이용했겠지요.

 갑자기 웬 신입니까?

 멋있어 보이잖아요?

 끄응! 피즈 변호사 변론해 주십시오.

 원자핵 연구소의 마이어 박사를 증인으로 요청합니다.

 증인 요청을 받아들이겠습니다.

파마를 한 갈색 머리가 아름다운 50대의 여자가 증
인석으로 들어왔다.

 증인은 원자핵 전문가죠?

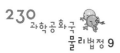

 네.

그럼 원자핵 속의 양성자와 중성자의 수는 같습니까?

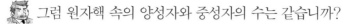 가벼운 원자는 그렇습니다. 양성자는 양의 전기를 띠고 있고 전자는 음의 전기를 띠고 있습니다. 그런데 각각의 원자에 대해 전자의 개수와 양성자의 개수는 같습니다. 그래서 원자들은 보통 때에는 전기를 띠지 않습니다. 하지만 중성자는 전기를 띠지 않으니까 그 수를 제한할 필요가 없습니다. 예를 들어 가장 가벼운 수소부터 양성자의 수와 중성자의 수를 구하면 다음과 같습니다.

원자 번호	원소 기호	원소 이름	양성자의 수	중성자의 수
1	H	수소	1	0
2	He	헬륨	2	2
3	Li	리튬	3	3
4	Be	베릴륨	4	4
5	B	붕소	5	5
6	C	탄소	6	6
7	N	질소	7	7
8	O	산소	8	8

 수소를 제외하고는 양성자의 수와 중성자의 수가 같군요.

 하지만 모든 원소가 그런 건 아닙니다. 원자 번호가 높아져 무거운 원자가 되면 양성자보다 중성자가 더 많아집니다. 예를 들어 원자 번호가 92번인 우라늄은 아주 무거운 원자인데 양

성자의 수가 92개이고 중성자의 수는 146개로 중성자가 양성
자보다 훨씬 더 많습니다. 그래서 이런 원자들은 좀 더 가벼운
안정된 원자핵이 되려고 합니다. 그 결과 방사선을 방출하는
것입니다.

 이제 좀 이해가 갑니다. 그렇다면 책이 잘못 되었군요. 앞으로
책의 내용은 가벼운 원자에서 양성자의 수와 중성자의 수는 같
다는 내용으로 바꾸길 바랍니다. 이상으로 재판을 마치도록 하
겠습니다.

　재판이 끝난 후, 모든 과학 교과서에서는 양성자의 수와 중성자
의 수가 항상 같다는 내용이 삭제되었다.

 쿼크

양성자나 중성자는 더 이상 쪼갤 수 없는 가장 작은 입자가 아니라 가장 기본이 되는 입자인 쿼크
로 이루어져 있다. 양성자와 중성자는 모두 세 개의 쿼크로 이루어져 있다.

레이저도 빛 아닌가요?

레이저에 대한 빛 학회와 레이저 학회의 주장 중 옳은 것은 어느 쪽일까요?

"어머! 정말 감쪽같아. 아프지도 않고."

예쁜 성형외과에서는 레이저 시술로 많은 환자들이 드나들기 시작했다. 대부분의 환자들은 이 시술법에 대단한 만족감을 표현했다.

"점이 많으시군요. 음…… 레이저 시술로 하시면 고통 없이 점을 뺄 수 있습니다. 다만 그 비용이 비싸다는 단점이 있습니다."

"레이저로 해 주세요."

"그럼 일단 예약 먼저 하세요. 환자가 많아서 아마 두 달 정도는 대기해야 할 것입니다."

"네? 두 달이나요?"

"레이저 시술이 인기라서 환자들이 밀려 있습니다."

"어쩔 수 없죠. 예뻐진다는데. 알겠습니다."

레이저의 발명은 이 외에도 여러 분야에서 빛을 발하고 있었다. 언론에서도 매일 레이저 열풍에 대해서 보도했다.

'레이저! 이제 아프지 않고 예뻐지세요!'

'성형외과 환자들로 넘쳐나다. 레이저 효과!'

"여러분, 오늘은 최근 발명되어 선풍적인 인기를 끌고 있는 레이저에 대하여 알아볼 시간입니다. 거리에 나가면 레이저 시술에 관한 전단지와 홍보물들을 쉽게 볼 수 있는데요. 과연 그 효과가 얼마나 대단한지 알아보도록 하겠습니다. 현장에 나가 있는 주 기자!"

텔레비전 화면에는 한 성형외과 병원의 내부 모습이 비추어 졌다. 수많은 환자가 바글거리는 가운데 기자가 서 있었다.

"안녕하십니까? 저는 주 기자입니다. 이곳은 레이저 시술로 유명한 모 성형외과입니다. 이른 아침부터 환자들이 몰려들고 있습니다. 한 여대생을 만나 인터뷰를 하겠습니다. 레이저 시술을 받으러 오셨습니까?"

20대의 여대생이 모자이크 처리된 화면에 나타났다.

"네, 점을 빼야 하는데 레이저로 하면 하나도 아프지 않다고 해서 시술을 받으러 왔어요."

"주변에서도 이 레이저 시술을 받은 사람들이 있습니까?"

"네. 제 친구들만 해도 벌써 여러 명이 이 시술을 받았어요. 대부분이 만족을 하더라고요. 그리고 제가 직접 봤는데 정말 감쪽같더라고요. 호호호!"

"네, 인터뷰 감사합니다. 이 병원만 해도 레이저 시술을 받기 위해서는 세 달 정도는 예약을 기다려야 하는 상황이라고 합니다. 이곳뿐만 아니라 대부분의 병원들이 레이저 시술로 호황을 누리고 있습니다. 현장에서 주 기자이었습니다."

화면은 다시 뉴스 데스크 스튜디오로 바뀌었다.

"네, 정말 레이저 시술이 대단한 인기를 누리고 있군요. 그런데 레이저에 대한 로열티 분쟁이 일어나고 있다고 하는데요. 어떻게 된 사건인지 알아보겠습니다. 스튜디오에는 빛 학회의 대표 빛나리 씨께서 나와 계십니다."

"예, 안녕하십니까."

50대 정도 되어 보이는 대머리의 중년 신사가 말쑥한 차림으로 아나운서 옆에 앉아 있었다.

"빛 학회에서는 레이저 발명에 대한 로열티를 받아야한다고 주장을 하고 계시는데요. 자세히 말씀해 주시겠습니까?"

"으흠. 우리 빛 학회에서는 이번 레이저의 발명에 관하여 큰 공헌을 했습니다. 그런데 어떠한 로열티도 지급받지 못하고 있습니다.

레이저가 무엇입니까? 바로 빛입니다. 그러니까 당연히 로열티를 받아야지요!"

그러자 그 옆에 앉아 있던 중년의 여성이 흥분한 듯 말했다.

"저는 레이저 학회입니다. 빛 학회의 주장은 말도 안 됩니다. 전혀 근거가 없습니다. 저희 레이저는 방사선으로 만들어진 것이지 빛과는 관련이 없습니다. 왜 우리가 빛 학회에 로열티를 지불해야 합니까?"

사회자는 레이저 학회의 대표 온누리 씨를 진정시키며 말했다.

"생방송 중입니다. 두 분 다 조금 진정하시기 바랍니다. 레이저가 빛이냐, 방사선이냐를 두고 벌어지는 논쟁 같습니다. 시청자 여러분! 여러분의 생각은 어떻습니까? 지금 ARS로 여러분의 의견을 받고 있습니다. 레이저가 빛이라고 생각하시면 1번을 방사선이라고 생각하시면 2번을 눌러주세요. 잠시 광고 듣고 2부에서 만나겠습니다."

광고가 나가는 사이에 빛나리 씨와 온누리 씨는 서로 예사롭지 않은 눈빛을 주고받았다.

"온누리 씨! 로열티를 안 내려고 아주 용을 쓰십니다. 참나~!"

"이봐요! 빛나리 씨! 우리 레이저와 그쪽 빛은 전혀 상관이 없어요. 우길 걸 우겨야죠!"

"뭐라고요?"

두 사람은 한 치의 양보도 없이 으르렁거렸다. 사회자는 중간에

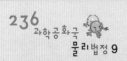

서 어찌할 바를 몰랐다.

"진정하셔야 해요. 국민이 지켜보고 있습니다."

"네."

광고가 끝나고 다시 생방송에 불이 들어왔다.

"현재 많은 분들이 ARS에 참여하고 계시는데요. 지금 집계 현황을 보니 두 의견 다 비슷하네요. 과연 레이저는 빛 로열티를 내야할까요? 의견이 분분한 가운데 두 대표 분들의 주장이 더욱 과열되고 있습니다. 5분 후에 시청자 의견을 마감하겠습니다."

사회자는 가시방석에 앉아있는 것처럼 몹시 불편했다. 온누리 씨와 빛나리 씨의 분위기로 봐서는 금방이라도 싸울 것만 같은 기세였다. 생방송 도중에 자칫하면 방송사고가 날 수도 있는 것이다.

"네! 이제 시청자 의견이 마감되었습니다. 67%로 레이저는 방사선이라는 의견이 우세합니다."

그러자 빛나리 씨는 갑자기 자리를 박차고 일어났다.

"말도 안 돼! 레이저는 빛이라고! 분명히 온누리와 짜고 치는 방송이구만! 쳇!"

화를 버럭 내고는 카메라 앞을 지나 나가버리고 말았다. 우려했던 일이 일어나고 말았다. 사회자는 얼굴이 붉어져서는 어찌할 바를 모르고 있었다. 온누리 씨가 먼저 입을 열었다.

"시청자들의 현명한 선택 감사합니다. 레이저는 당연히 방사선이죠! 빛 학회에서는 이제 그만 억지 주장을 하지 말아야합니다."

순간 방송이 끊어졌다. 생방송 도중 일어난 방송 사고였다. 방송국 시청자 게시판과 인터넷에서는 빛 학회 지지 여론과 레이저 학회 지지 여론이 들끓고 있었다. 이로 인해 당분간 레이저 시술을 중지해야만 했다.

'빛 학회의 어이없는 요구 – ID : 웹 마니아'
'레이저 학회의 이기적인 태도 – ID : 빛사랑'

인터넷에는 글들이 쏟아졌고 레이저 시술을 받고 싶어 하는 환자들은 두 학회 모두를 다 비난하기 시작했다. 사태가 점점 커짐에 따라 과학공화국에서는 가만히 두고 볼 수가 없어 두 학회에 회의를 통보하였다.

"여러분! 오늘 타워 호텔에서 레이저에 관한 빛 학회와 레이저 학회 간의 긴급 회의가 있을 예정입니다. 어떠한 결론이 날지 모든 국민들이 귀를 기울이고 있습니다. 과연 레이저 로열티 문제는 잘 해결 될 수 있을 까요?"

두 학회의 회원들은 회의 시간이 되자 타워 호텔로 모여들었다. 길게 늘어선 테이블에 마주보고 앉아 회의가 시작되었다.

"온누리입니다. 우리 레이저는 지난 번 생방송에서의 시청자의 견도 보셨듯이 방사선에 관련된 분야라 빛과는 전혀 상관이 없습니다. 로열티는 지불할 수 없습니다."

빛 학회의 대표 빛나리 씨는 어이없다는 듯이 대답했다.

"시청자 의견이 뭐가 그리 대단합니까? 레이저를 보며 빛이 나지 않습니까? 빛이 나니까 빛 로열티를 받겠다는 건데…… 로열티를 주기 전에는 레이저를 사용할 수 없습니다."

"뭐라고요?"

회의장의 분위기는 다시 과열되었다. 밤새도록 언쟁만 높아지고 결론은 나지 않았다. 결국 정부에서는 이번 일이 두 학회끼리 해결되지 않을 것이라고 결정하고 물리법정에 의뢰하기로 했다.

레이저 물질들은 가장 안쪽 궤도로 여러 전자들이
동시에 떨어지면서 하나의 색깔만 가진 빛을 냅니다.

레이저는 빛일까요, 아닐까요?
물리법정에서 알아봅시다.

 재판을 시작하겠습니다. 먼저 물치 변호사,
의견 말해 주세요.

 레이저는 레이저입니다. 아주 강한 파괴력
을 지녔죠. 그게 빛이라면 레이저 빛이라고 하지, 왜 레이저라
고 부릅니까? 말도 안 돼요. 빛 학회에서 어떻게든 껴보려고
발악하는 것 같습니다.

 물치 변호사 근거 없는 얘기를 하지 말아요.

 알겠습니다.

 그럼 피즈 변호사 변론해 주십시오.

 레이저 연구소의 가간섭 박사를 증인으로 요청합니다.

 증인 요청을 받아들이겠습니다.

반짝이 의상을 입어 다소 촌스러워 보이는 30대의
남자가 증인석에 앉았다.

 본론으로 들어가죠.

 그러시죠.

레이저가 빛인가요?

맞습니다.

거참 이상하네요. 보통의 빛과는 다른데요?

인공의 빛입니다. 한 가지 색깔의 빛을 낼 수 있지요.

어떤 원리죠?

루비와 같은 물질에 빛을 쪼여주면 원자핵에서 가장 가까운데 있던 전자들이 에너지를 받아 원자핵에서 먼 궤도로 이동합니다. 그런 전자들은 다시 궤도를 돌면서 빛을 방출해 다시 원자핵에 가까운 궤도로 떨어지게 됩니다. 그런데 루비와 같은 레이저 물질들은 가장 안쪽 궤도로 떨어지기 전에 잠시 전자들이 대기하는 궤도가 있어 이곳에 전자들이 많이 모여 있다가 동시에 떨어지면서 빛을 냅니다. 이때 나오는 빛은 하나의 색깔만 가진 빛인데 예를 들어 루비 레이저의 경우는 붉은 색 빛이 됩니다.

레이저의 이용

발표회를 할때 화면의 어떤 부분을 가리키는데 쓰는 레이저포인터는 붉은 색을 내는 헬륨 레이저를 사용한다. 최근에는 병원에서 신체의 작은 부분을 자르거나 안과수술에서 망막과 같은 예민한 부분을 자르거나 피부의 점을 제거하는데 레이저를 사용한다.

그렇군요. 판사님, 판결을 부탁합니다.

가간섭 박사의 증언대로 레이저는 빛이 레이저 물질 속으로 들어가 다시 나온 인공의 빛이므로 레이저는 빛이라고 결론을 내릴 수밖에 없다고 본 판사는 선언합니다. 이상으로 재판을 마치도록 하겠습니다.

재판이 끝난 후, 정부의 조정 하에 레이저 학회는 빛 학회의 레이
저 분과 위원회로 들어가게 되었다.

43번 원소가 없잖아요?

각 원자 번호에 대응되는 원자들이 모두 존재할까요?

사건속으로

안무식 씨는 최근 자신만의 카페를 개업할 생각
에 마음이 들떠 있었다. 평생 모아온 재산을 전부
들여 만든 카페이기에 그에게는 인생의 전부였다.

'다음 달이면 드디어 나의 소원인 과학 테마 카페를 열게 되었
어! 호호호! 그나저나 카페 인테리어는 어떻게 하지? 과학 서적들
은 대충 다 구입을 했는데…….'

그는 공사 중인 카페를 둘러보며 혼자 이런저런 생각에 잠겨있
었다.

"안무식!"

"태만아~ 나 여기 있는 줄 어떻게 알았어?"

태만 씨는 무식 씨와 어려서부터 절친한 단짝 친구였다. 과학 테마 카페도 태만 씨가 좋은 자리를 알아봐 준 덕분에 열 수 있었다.

"집에 전화했더니 너 카페 공사 현장에 갔다고 해서! 아주 여기서 사는구나? 그렇게 좋아?"

"그렇지 뭐. 공사는 거의 마무리 되어 가고 있는데 인테리어 때문에 걱정이야."

"인테리어?"

"응! 과학 테마 카페라고 하면 사람들이 뭔가 특별한 게 있을 거라고 기대하지 않을까? 과학 책들이야 어려서부터 쭉 모은 것도 있고……"

"그럼, 벽면에 별자리들을 붙이는 건 어때?"

무식 씨는 아직 공사가 덜 끝난 건물의 벽을 둘러보았다.

"그건 너무 흔할 것 같아. 사람들 집이나 방 안에도 별자리를 붙여놓는 경우가 많잖아. 그래도 과학 테마 카페인데 너무 천문학 쪽으로 기우는 것도 그렇고…… 실제로 별자리 카페도 있지 않나? 이곳은 조금 더 특별해야 하지 않을까 싶어?"

"하긴. 그럼 인테리어 전문가를 알아볼까?"

"그게 좋을 것 같아!"

무식 씨와 태만 씨는 함께 인테리어 회사를 알아보기로 했다. 여러 업체들을 고르고 고른 끝에 가장 유명한 '디자인 뉴'라는 인테리어 컨설팅 회사를 찾아갔다.

회사의 건물부터 무척 세련되어 보였다. 빨간 벽면과 메탈 소재의 계단들이 깔끔하면서도 인상적이었다. 무식 씨는 회사 자체에 대한 기대감이 높아졌다.

"어서 오세요."

"제가 한 달 후면 과학 테마 카페를 여는데, 뭔가 특별한 인테리어가 필요할 것 같아서요."

"음…… 잠깐만 기다리세요. 카페 전문 인테리어 전문가를 소개해드릴게요. 저기 파란문으로 들어가 보세요."

무식 씨와 태만 씨는 파란문의 방으로 들어갔다. 방 전체도 파란색 계열이었다.

"안무식 씨?"

"네."

날카로운 눈빛의 여자는 까만 치마정장을 입고 있었고 머리 스타일은 잔머리 하나 없이 말끔한 포니테일이었다.

"과학 테마 카페라고요?"

"네. 제 모든 인생이 담긴 카페라서 아주 특별한 공간으로 꾸미고 싶습니다."

"그래요. 제가 확실한 도움을 드리도록 하죠! 일단 카페로 가보죠!"

당찬 말투가 왠지 모르게 믿음직스러웠다. 세 사람은 함께 카페로 갔다. 아직 공사 중이라 그런지 시멘트와 콘크리트 냄새 그리고 새 건물 냄새가 진동했다.

"카페의 위치는 아주 좋네요. 음…… 별자리는 너무 진부하고."

"그렇죠? 그건 저도 그렇게 생각합니다."

무식 씨는 빛나 씨의 인테리어 감각을 100% 신뢰할 수 있을 것 같았다. 그래서 그녀에게 모든 인테리어를 맡기기로 결심했다.

"무식 씨! 과학 분야 중에서도 어떤 것에 관심이 많으시죠?"

"음…… 원자요!"

"그렇군요. 그럼 원자 번호 순으로 나열된 표를 저기 중앙 벽면에 전시하는 게 좋을 것 같은데, 어때요?"

"아하! 그런 방법이 있네요. 우와! 어떻게 그런 기발한 생각을 하셨어요?"

"저도 한때는 원자에 관심이 매우 많았거든요? 웬만한 원자 번호는 다 외운다고요! 호호호!"

"저기! 제가 우리 카페의 모든 인테리어 권한을 빛나 씨께 믿고 맡기겠습니다. 계약하죠!"

"감사합니다. 저를 믿고 맡기신다니 그럼 일단 사무실로 가서 계약하시죠?"

무식 씨는 빛나 씨의 사무실로 가서 계약서에 도장을 찍었다.

"그럼 이제부터 한 달 동안 카페에는 출입 금지에요. 저의 어떠한 인테리어 디자인에도 터치하시면 안 됩니다. 아시겠죠?"

"물론이죠! 한 달 뒤에 뵙겠습니다."

비록 인테리어 비용이 비쌌지만 그녀의 센스를 믿기로 했다.

"빛나 씨한테 맡기기로 하길 잘한 거 같아. 원자 번호표는 생각도 못했는데 기발하지 않냐?"

무식 씨는 아까부터 싱글벙글 신이 나 있었다.

"너~ 빛나 씨한테 반한 거 아냐?"

태만 씨는 무식 씨를 놀리듯 말했다.

"아니야! 난 절대적으로 업무상 그녀를 믿는 거야! 하하하!"

"그래! 그렇다 치자! 하하하!"

그렇게 한 달 정도 지나서 무식 씨와 태만 씨는 개업 준비를 하기 위해 카페를 찾았다. 카페의 입구는 화려한 원석들로 꾸며 있었다.

"이야! 정말 멋지다."

"그러게 아주 럭셔리 하구만! 비싼 돈 준 보람이 있다. 하하하!"

두 사람은 인테리어에 매우 만족하여 카페로 들어왔다. 무식 씨는 구석구석 꼼꼼하게 살펴보느라 정신이 없었다.

"무식아! 이리 와봐!"

주방에 있던 무식 씨를 태만 씨가 급히 불렀다.

"왜? 무슨 일인데?"

태만 씨는 한 숨을 내쉬며 오른 손으로 중앙 벽면을 가리켰다.

"저것 좀 봐! 원자 번호표에 네 군데가 비어있어."

"뭐?"

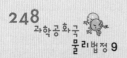

무식 씨는 중앙 벽면에 장식된 원자 번호표를 바라보았다. 눈으로 1번 수소부터 92번 우라늄까지 읽어 내려가고 있는데 43번, 61번 등 네 곳에는 아무 원자 번호도 안 적혀있었다.

"이럴 수가! 빛나 씨가 이런 실수를!"

"야! 이건 실수도 보통 실수가 아니야! 내일이면 개업인데 그리고 수정 할 수도 없겠어! 워낙 단단하고 야무지게 마무리 해놓은 거라……."

무식 씨는 원자 번호표를 뚫어지게 바라보다가 카페를 뛰쳐나갔다.

"무식아! 어디가?"

태만 씨는 걱정스러운 마음에 급히 카페 문을 잠그고 무식 씨의 뒤를 따랐다. 무식 씨가 뛰어간 곳은 '디자인 뉴' 회사 건물이었다. 엘리베이터도 타지 않고 비상구로 달려가 7층의 파란 문을 열었다.

"빛나 씨!"

숨을 헐떡거리며 땀을 흘리는 무식 씨를 빛나 씨는 놀란 눈으로 바라보았다.

"무식 씨. 무슨 일이에요? 아~ 카페 가보셨어요? 어때요? 마음에 들어요? 제가 특히 원자 번호표에 신경을 많이 썼는데 원자마다 보석들로 장식을 해서 반짝거릴 걸요? 아마 은은한 조명에 더 잘 아름다울 거예요. 호호호. 고맙다는 인사하러 오신 거예요?"

"헉헉! 이봐요! 빛나 씨. 왜 내 카페를 그렇게 망쳐놓은 겁니까?"

"네?"

빛나 씨는 무식 씨의 말에 어이가 없었다. 실컷 한 달 동안 인테리어에 열성을 다했는데 망쳐놓았다며 원성을 들을 줄은 꿈에도 생각 못했었다.

"지금 뭐라고 하신 거예요? 망치다니요? 고맙다는 말은 못하고 그게 무슨 소리에요?"

"당신이 카페 중앙 벽면을 엉망으로 만들어 놓았잖아! 당장 손해배상하란 말이야!"

"네?"

도무지 무식 씨의 말을 알아들을 수가 없었다. 이에 빛나 씨는 직접 무식 씨와 함께 카페로 갔다.

"이게 뭐가 잘못됐다는 거죠?"

"여기 네 군데나 비어있어요. 나는 돈도 모두 지불했는데. 당신! 내가 믿고 맡겼는데, 나를 속여?"

"뭐! 뭐라고요?"

"당장 고소하겠어!"

무식 씨는 빛나 씨의 말을 듣지도 않은 채 물리법정으로 향했다. 그리고 빛나 씨를 고소하기에 이르렀다.

각 원자 번호에 대응되는 모든 원자가 존재합니다.

43번 원소는 과연 없을까요?
물리법정에서 알아봅시다.

 재판을 시작하겠습니다. 먼저 빛나 씨 측 변론을 들어보겠습니다.

 제가 조사해 본 바에 의하면 원자 번호가 43번, 61번, 85번, 87번 원소는 없는 것으로 알려져 있습니다. 그러므로 빛나 씨가 이들 원소들을 적지 않은 것은 당연하다고 주장합니다. 없는데 어떻게 적겠습니까?

 그럼 무식 씨 측 변호사 변론해 주십시오.

 원자 연구소의 다이서 박사를 증인으로 요청합니다.

 증인 요청을 받아들이겠습니다.

　　원형 탈모가 있어 가운데 머리가 텅 빈 60대의 남자가 힘없는 모습으로 증인석으로 들어왔다.

 증인은 무슨 일을 하고 있습니까?

 각각의 원자들에 대한 정보를 기록하고 있습니다. 새로운 게 발견되면 업데이트도 하고요.

 그럼 원자 번호 43번, 61번, 85번, 87번 원소는 없습니까?

 아닙니다. 인공적으로 만들 수 있습니다.

 어떻게 만들죠?

 예를 들어 43번 원소는 42번 원소로 만들 수 있습니다.

 좀 더 자세한 설명을 부탁드립니다.

 42번 원소는 몰리브덴입니다. 이 원소는 1778년 스웨덴의 화학자 셀레(Scheele, Karl Wilhelm)에 의해 최초로 발견되었는데 지구상에 비교적 널리 존재하지만 그리 많은 양은 아닙니다. 가장 많이 생산되는 나라는 미국으로 전체 생산량의 70%를 차지합니다. 몰리브덴은 광택을 가진 은백색의 금속으로 녹는점이 높아 높은 온도를 견디는 곳에 쓰이는 금속입니다. 이 몰리브덴을 중수소의 원자핵과 충돌시키면 양성자 1개와 중성자 1개로 이루어진 중수소의 원자핵이 몰리브덴을 변하게 합니다.

 그게 43번 원소입니까?

 아직은 아닙니다. 원자량이 98인 몰리브덴이 원자량 99짜리로 변합니다.

 그럼 43번 원자가 아니잖아요?

 하지만 14분 정도 지나면 변화가 일어납니다. 몰리브덴-99는 불안정해서 중성자 한 개가 양성자로 변합니다.

 그럼 양성자가 43개가 되었군요.

 그게 바로 43번 원소인 테크네튬입니다.

 왜 그런 이름이 붙었죠?

 기술적으로 찾은 첫 원소라서 그런 이름을 붙였습니다.

 잘 들었습니다. 그렇다면 각 원자 번호에 대응되는 모든 원자가 존재한다고 결론을 내려야겠군요. 그러므로 이번 사건에 대해서는 자료 조사를 충실하게 하지 못한 빛나 씨의 책임을 물어야겠습니다. 이상으로 재판을 마치도록 하겠습니다.

재판이 끝난 후, 원소들의 주기율표는 우라늄까지 완벽하게 완성되었다. 그리고 정부에서는 92번 우라늄까지의 주기율표를 각 학교에 보급했다.

 베타 붕괴

중성자가 양성자로 변하는 반응을 베타 붕괴라고 부르는데 이 과정에서 중성자는 양성자와 전자와 뉴트리노로 변한다. 뉴트리노는 질량이 아주 작으며 전기를 띠지 않는 작은 입자로 다른 물질들과 반응을 하지 않는 입자이다.

중성자의 발견

1930년 독일의 보테(Bothe, Walther Wilhelm Georg)는 폴로늄에서 나오는 알파 방사선을 베릴륨에 쪼이면 베릴륨으로부터 투과력이 강한 미지의 방사선이 발생한다는 것을 알아내고 이 방사선을 베릴륨선이라고 불렀습니다. 과학자들은 베릴륨선이 어떤 알갱이들의 흐름인지를 고민했는데 이 정체를 처음 알아낸 사람은 채드윅(Chadwick, James)이었습니다. 그는 베릴륨선이 전기를 띠지 않는다는 사실로부터 베릴륨선을 이루는 알갱이들이 전기를 띠지 않으며 그 무게가 양성자의 무게와 거의 비슷하다는 것을 알아내고 이를 중성자라고 불렀습니다.

감마 방사선은 원자핵이 불안정한 상태에서 안정한 상태로 오는 과정에서 발생하는 에너지가 높은 빛입니다. 감마 방사선을 방출한 원자는 양성자의 수나 전자의 수가 달라지지 않으므로 다른 원자로 바뀌지 않고 다만 좀 더 안정된 원자 상태로 바뀌기만 하지요. 감마 방사선을 방출하는 과정은 마치 원자 속에 있는 전자가 빛을 방출하고 좀 더 낮은 에너지 상태로 내려오는 과정과 비슷합니다.

중성자가 양성자로 변하는 과정을 베타 반응이라고 부르는데 다음과 같습니다.

중성자 → 양성자 + 전자 + 뉴트리노

이때 튀어나온 전자들의 흐름이 바로 베타 방사선입니다. 이렇게 베타 방사선을 방출하여 안정된 원자핵으로 바뀌는 동위원소를 방사선 동위원소라고 부릅니다.

가만 여기서 뉴트리노(neutrino, 중성미자)라는 이상한 물질이 튀어나왔군요. 뉴트리노는 중성자가 양성자로 변하는 베타 반응에서 튀어나오는 질량이 거의 0에 가까운 입자입니다. 뉴트리노는 전기를 띠고 있지 않고 물질들과 전혀 반응을 하지 않습니다. 그러므로 우리 몸속을 통과하여 저 머나먼 우주로 도망치기도 하고 우주 멀리에서 날아온 뉴트리노가 우리 주위를 정신없이 지나 다닙니다.

베타 방사선을 방출하는 원소는 주로 동위원소들입니다. 동위원소는 베타 방사선을 방출하지 않는 안정한 것도 있고 베타 방사선을 방출하여 안정한 원자핵이 되는 것도 있습니다. 예를 들어 산소의 동위원소에는 산소-17, 산소-18처럼 안정한 것도 있고 산소-13, 산소-14, 산소-15, 산소-19, 산소-20처럼 불안정하여 방사선을 방출하여 안정한 원자핵으로 변환되는 것이 있습니다.

원자력발전

원자력발전을 위해서는 우라늄이 쪼개지는 반응을 천천히 이루어지도록 도와주는 물질이 필요합니다. 그런 도우미는 바로 물입니다. 물속에서는 중성자가 천천히 움직이기 때문이지요. 하지만 중성자의 속도가 느려진다 해도 열은 어마어마하게 발생합니다. 그러므로 튀어나온 중성자들을 막는 장치가 있어야 할 것입니다. 그것은 바로 중성자를 잘 흡수하는 카드뮴과 붕소에 의해 가능합니다. 그러니까 이들로 중성자를 흡수하게 하여 반응을 멈추게 하면서 조금씩 열에너지를 사용해 전기에너지를 만들어 내는데 이것을 원자력발전이라고 합니다.

핵융합

원자핵은 쪼개어지기도 하지만 서로 달라붙기도 한답니다. 핵분열이 무거운 원자들이 살을 빼는 과정이라면 핵융합은 가벼운 원자들이 합쳐 무거운 원자가 되는 과정이지요.

핵융합의 재료는 바로 가장 가벼운 수소입니다. 첫 번째 핵융합 과정은 두 개의 수소 원자핵이 달라붙는 과정입니다. 물론 이 과정은 아주 높은 온도에서 이루어집니다. 수소의 원자핵은 양성자 한 개이므로 수소 원자핵 두 개가 달라붙는다는 것은 양성자 두 개가 달라붙는 것을 뜻합니다.

그럼 양성자 두 개로 이루어진 원자핵이 되지요? 이때 양성자 하나가 중성자로 변신하게 됩니다. 그러면 양성자 한 개와 중성자 한 개로 이루어진 원자핵이 만들어지죠? 이 원자핵은 양성자가 하나이므로 번호는 1번입니다. 하지만 중성자가 하나 달라붙어 있어 우리가 흔히 알고 있는 수소의 원자핵 보다 무겁습니다. 이것을 무거운 수소의 원자핵이라고 부릅니다. 핵이 쪼개질 때처럼 이 과정에서 열이 발생합니다.

이렇게 만들어진 무거운 수소의 원자핵들은 다시 자신들끼리 달라붙어 더 무거워지려고 합니다.

그러면 양성자 두 개와 중성자 두 개로 이루어진 헬륨의 원자핵이 만들어집니다. 물론 이 과정에서도 엄청난 열이 나옵니다.

이런 식으로 아주 높은 온도에서는 가벼운 원자핵들이 서로 달라붙어 점점 무거운 원자핵을 만드는 일이 계속됩니다. 그로 인해 상상할 수 없을 정도로 뜨거운 열이 나옵니다. 이것을 폭탄에 사용하면 어마어마한 파괴력을 가지게 되는데 그것이 바로 수소폭탄입니다. 하지만 이 에너지를 천천히 사용하면 엄청난 양의 전기를 만들수 있답니다.

방사성 붕괴

방사성 동위원소는 알파 방사선을 방출하면서 원자 번호가 2 감소하거나 베타 방사선을 방출하면서 원자 번호가 1 증가합니다. 이렇게 방사선을 방출하면서 다른 원자핵으로 바뀌는 것을 방사성 붕괴라고 합니다. 이때 알파 방사선을 방출하면 알파 붕괴, 베타 방사선을 방출하면 베타 붕괴라고 합니다. 그리고 감마 방사선을 방출하는 경우는 원자핵이 달라지지 않습니다.

예를 들어 원자 번호 92번 우라늄-238의 방사성 붕괴 과정을 알아보겠습니다. 우라늄-238은 알파 붕괴에 의해 원자 번호 90번인 토륨-234가 됩니다.

우라늄 - 238 → 토륨 - 234 + 알파 방사선

이때 토륨-234는 베타 붕괴를 하여 원자 번호 91번 프로트악티늄이 됩니다.

토륨 - 234 → 프로트악티늄 - 234 + 베타 방사선

프로트악티늄은 베타 붕괴를 하여 우라늄-234가 됩니다.

프로트악티늄 - 234 → 우라늄 - 234 + 베타 방사선

우라늄-234는 알파 붕괴를 하여 토륨-230이 되지요.

우라늄 - 234 → 토륨 - 230 + 알파 방사선

토륨-230은 알파 붕괴에 의해 원자 번호 88번 라듐-226이 됩니다.

토륨 - 230 → 라듐 - 226 + 알파 방사선

라듐-226은 알파 붕괴에 의해 원자 번호 86번 라돈-222가 됩니다.

라듐 - 226 → 라돈 - 222 + 알파 방사선

라돈-222는 알파 붕괴에 의해 원자 번호 84번 폴로늄-218이 됩니다.

라돈 - 222 → 폴로늄 - 218 + 알파 방사선

폴로늄-218은 알파 붕괴에 의해 원자 번호 82번 납-214가 됩니다.

폴로늄 - 218 → 납 - 214 + 알파 방사선

납-214는 베타 붕괴에 의해 원자 번호 83번 비스무트-214가 됩니다.

납 - 214 → 비스무트 - 214 + 베타 방사선

비스무트-214는 베타 붕괴에 의해 폴로늄-214가 됩니다.

비스무트 - 214 → 폴로늄 - 214 + 베타 방사선

폴로늄-214는 알파 붕괴에 의해 납-210이 됩니다.

폴로늄 - 214 → 납 - 210 + 알파 방사선

납-210은 베타 붕괴에 의해 비스무트-210이 됩니다.

납 - 210 → 비스무트 - 210 + 베타 방사선

비스무트-210은 베타 붕괴에 의해 폴로늄-210이 됩니다.

비스무트 - 210 → 폴로늄 - 210 + 베타 방사선

폴로늄-210은 알파 붕괴에 의해 납-206이 됩니다.

폴로늄 - 210 → 납 - 206 + 알파 방사선

그렇다면 납-206은 어떤 붕괴를 할까요? 납-206은 안정한 원자핵입니다. 즉 방사성 붕괴를 하지 않습니다. 그러므로 우라늄-238의 방사성 붕괴는 이 과정에서 멈추게 됩니다.

물리와 친해지세요

이 책을 쓰면서 좀 고민이 되었습니다. 과연 누구를 위해 이 책을 쓸 것인지 난감했거든요. 처음에는 대학생과 성인을 대상으로 책을 쓰려고 했습니다. 그러다 생각을 바꾸었습니다. 물리와 관련된 생활 속의 사건이 초등학생과 중학생에게도 흥미로울 거라는 생각에서였지요.

초등학생과 중학생은 앞으로 우리나라가 21세기 선진국으로 발전하는데 필요한 과학 꿈나무들입니다. 그리고 지금과 같은 과학의 시대에 가장 큰 기여를 하게 될 과목이 바로 물리입니다. 하지만 지금의 물리 교육은 직접적인 실험 없이 교과서의 내용을 외워 시험을 보는 형태로 이루어지고 있습니다. 과연 우리나라에서 노벨 물리학상 수상자가 나올 수 있을까 하는 의문이 들 정도로 심각한 상황입니다.

저는 부족하지만 생활 속의 물리를 학생 여러분의 눈높이에 맞추

고 싶었습니다. 물리는 먼 곳에 있는 것이 아니라 우리 주변에 있다
는 것을 알리고 싶었습니다. 그래서 이 책을 쓰게 되었지요.